作者简介

刘东升，男，1942年10月14日生，长春市人，中国劳动和社会保障科学研究院退休干部。

参与编著《劳动争议处理工作手册》《第一、二辑》、《中国法律界限全书》，起始主办、主编《劳动争议处理与研究》杂志，主持编著《劳动争议处理系列丛书》，其中与人合著《劳动关系概论》、《劳动仲裁概论》、著有《国外劳资争议处理概论》，与人合著《劳动法规实用指南》；主持编写《毛泽东像章收藏学术研讨论文集》、《毛泽东像章收藏专题研讨论文集》，主编《毛泽东像章收藏二十年人物集》等。

IPINMINGSHISHANG
IANGZHANG

艺品铭史赏

像章

【代藏品鉴赏丛书】——十心集

东升/著

蓝天出版社

图书在版编目(CIP)数据

艺品铭史赏像章:十心集/刘东升著.—北京;蓝天出版社,
2004,12

ISBN 7-80158-550-X

Ⅰ.艺…　Ⅱ.刘…　Ⅲ.毛泽东(1893~1976)-像章-收藏-研
究　Ⅳ.①A756②G894

中国版本图书馆 CIP 数据核字(2004)第 133280 号

蓝天出版社出版发行

(北京复兴路 14 号)

(邮政编码:100843)

电话:66983715 66983117

新华书店经销

北京市朝阳燕华印刷厂印刷

880×1230毫米　32 开本　8 印张　20 千字

2005 年 2 月第 1 版　2005 年 2 月第 1 次印刷

印数　1-8000

定价:48:00 元

目　录

一、与时俱进赏像章

　　像章是一种历史遗物,是历史的一部分,它既具有历史史料功能,又有鉴证历史的作用。历史是螺旋式上升发展的,有时你会发现,历史有惊人地相似,适时选用恰当的像章,将历史与现实紧密结合起来,充分发挥像章历史史料功能与像章鉴史作用,是与时俱进收藏、研究、鉴赏像章的重要途径之一。近年发表的一些像章文章,多属此类。

1.赏像章　话抗战 ………………………………… 1

2.赏长征像章　忆长征之魂 ……………………… 11

3.像章诉说抗洪史 ………………………………… 16

4.渡江胜利五十载　像章铭记千万年 …………… 20

5.历史强音　时代缩影

　　——纪念建国五十周年英模纪事像章系列选登连载 ··· 23

　　之一《红军长征——十七勇士抢渡大渡河》 …………… 23

　　之二《八年抗战——抗日英雄万万千》 ……………… 26

　　之三《边区大生产运动——南泥湾劳动英雄》 ………… 29

　　之四《解放全中国——直捣蒋家王朝》 ……………… 31

　　之五《保家卫国——抗美援朝英模》 ………………… 34

　　之六《建设祖国——劳动英雄模范》 ………………… 37

之七《伟大的战士——雷锋》 ················· 40

之八《拒腐蚀,永不沾——南京路上好八连》 ········· 43

之九《屡建新功——海空雄鹰团》 ············· 45

之十《激流勇进——沧海横流方显英雄本色》(上) ····· 47

之十一《激流勇进——沧海横流方显英雄本色》(下) ··· 50

之十二《奋战风雪高原——工程兵好十连》 ········· 53

之十三《自卫反击——珍宝岛十英雄》 ··········· 56

6.像章默默驳谎言 ······························· 59

7.像章铭刻"统一"志 ··························· 62

8.像章铭记腾飞的铁路事业 ······················ 65

9.妇女为人权斗争的历史见证 ···················· 68

10."八一慰问"纪念对章赏析 ···················· 70

11.像章铭刻伟人名言　历史铭记白衣天使 ·········· 72

二、故纸堆里寻像章

像章诞生至今已有60多年的历史,大体可分为早期像章、中期像章、"文革"像章和晚期像章四个阶段。何为每一阶段的第一种像章,令人关注,也是像章收藏者收藏研究的重要课题之一。对此,笔者分别作了初步的探讨,与同好相商。

12."文革"第一种毛泽东像章诞生初探 ·········· 75

13."文革"最后一种毛泽东像章初探 ············ 77

14.珍贵收藏　难忘历史

　　——记新中国第一种毛泽东像章的故事 ········ 79

15.第一枚毛泽东像章探寻 ···················· 82

三、伟人丰采见像章

像章有数万个品种,数拾亿枚,粗看,千头万绪,细想,却有一定之规。尽管每种像章均与毛泽东有直接或间接的关系,但像章与像章之间还是有区别的。像章概括起来主要有四大体系,即每种像章或与中国共产党、或与中国人民解放军、或与中华人民共和国、或与毛泽东个人经历有关,笔者称此为像章的"四大筋骨"。《赏毛泽东书法艺术像章》《珍藏主席像章及用品》两文,从一个侧面展示了伟人风采,反映了广大人民群众对伟人的敬仰与怀念。

16.赏毛泽东书法艺术像章 ……………………… 87

17.珍藏毛主席像章及用品 ……………………… 91

四、藏友交流议像章

毛泽东同志倡导,艺术要"百花齐放",学术要"百家争鸣",像章收藏亦不能例外。只有遵循"双百方针",像章收藏研究事业,才能兴旺发达,不断发展。

18."枯水期"一说值得商榷 ……………………… 93

19.水涨船高话"升格" ………………………… 96

20.诗无达诂 章有多解 ………………………… 99

五、市场拍场竞像章

改革开放以来,收藏活动全面复苏,昔日无人关注的像章,如今遍布全国大小收藏品市场,交流交易活跃。随其身价扶摇直上,像章与其他传统艺术品一起,频频亮相拍场,成为许多藏家选购精、罕、珍品像章的重要渠道之一。

21.首次毛泽东像章拍卖纪实 …………………… 107

22.毛像章拍卖后的思索 ………………………… 110

23.像章拍卖 槌响京城——毛泽东文化收藏品拍卖会纪实 112

24.像章拍卖得失谈 ································· 115

25.语录像章正走俏 ································· 117

六、像章概念论短长

概念,是一切科学门类的基础。从某种意义上说,科学是由一系列科学概念组成的。同样,像章收藏作为一种新兴的收藏门类,必须建立自己的科学体系。为此,首先应确立像章及相关的概念,并以此为基础建立科学的像章理论。《毛泽东像章概念的内涵、外沿与其他》、《走出像章误区 规范像章概念》、《从专题像章收藏的概念说起》等文,就是从像章基础概念说起的。

26.毛泽东像章概念的内涵、外延与其他 ············· 119

27.走出像章误区 规范像章概念 ················· 128

28.从专题像章收藏的概念说起 ··················· 130

七、像章收藏辨方向

自20世纪70年代末兴起像章收藏以来,至今已走过了异军突起、方兴未艾两大阶段,现正前进在以专题为主的多元化像章收藏新阶段。回首20多年来,像章收藏有成功经验,也有失败教训,曾陷入"比像章收藏多少与大小"的误区,也走过偏重套章收藏的狭窄之路。实践告诉我们,像章收藏必须时刻辨别方向,掌握正确航向。

29.像章收藏三阶段 执著走过二十年 ············· 138

八、专题多元化收藏

20世纪末、21世纪初,像章收藏步入了以专题为主的多元化像章收藏新阶段,经近几年的发展,越来越多的收藏者关注专题收藏,投入到以专题为主的多元化像章收藏大军之中,但专题像章收藏与多元化像章收藏的理论仍在探讨之中。

30.《福建三明毛泽东像章图谱》序 ················ 153

31.像章收藏走向多元化 ···················· 156

32.从专题入手——关于像章收藏 ············ 158

33.毛泽东手书专题像章的分类与赏析 ········ 163

九、收藏研究相结合

一个成功的收藏者,必须做到收藏与研究并重。只收藏不研究,即使你的藏品再多,但无藏识,也不是一个真正的收藏者,充其量只能算是一个保管员;只研究不收藏,即使你有丰富的藏品知识,可以写出有见地的文章,但无藏品,也不能称其为收藏者,只能算是一个鉴赏者而已。

34.早期像章不可一概而论 ················· 171

35.早期毛泽东像章探寻 ·················· 174

36.无人喝彩的套章 ····················· 187

十、收藏之外话收藏

对一个收藏者而言,除了搞好个人收藏之外,关心、支持、参与与收藏有关的其他公益活动,为维护创造一个良好的收藏环境尽一份力,这既有利于个人收藏的提升,又有利于整个收藏事业的发展。

37.谁给徽章评奖 ······················ 193

38.像章热京城　人旺事业兴
　　——第三届全国像章展评活动总结发言摘录 ········ 196

39.收藏市场必须打假 ··················· 202

40.抓住历史机遇　深化徽章收藏
　　——全国首届徽章收藏研究座谈会综述 ············· 207
41.《毛泽东像章收藏二十年回顾与展望》纪念封欣赏 ······ 216
42. 像章收藏史中难忘的一页——纪念毛泽东同志诞辰 110 周
　　年暨全国徽章收藏界庆祝活动纪实 ················ 227

前　言

　　1993年至今,我涉足毛泽东像章(以下简称"像章")收藏,已整10年了。

　　10年,在历史的长河中,只是短暂一瞬,但在人生的征途中,却是漫长的3650个日日夜夜。

　　10年,我为像章收藏走过大半个中国,结识了数百位像章收藏家(者),参观了数家国家博物馆、纪念馆及他们的像章藏品,拍摄了万余枚像章照片。

　　10年,我逛旧货市场,进古玩店,泡图书馆,求教专家学者,寻访机关、企事业单位、部队、学校,与友交流,收集不同时期、不同材质的各式像章万余枚,形成了20多个像章专题,并收集了一批有价值的相关像章资料。

　　10年,我在占有像章实物与相关资料的基础上,结合历史进程与像章收藏事业发展的不同阶段,发表与像章收藏研究相关文章80余篇、30多万字。

　　回首10年,选过去10年已发表的部分像章收藏研究文章,集于一书,记录10年走过的像章收藏之路,对过去是个小结,对未来是个新起点。

　　像章作为历史遗物,是历史的一部分,它既是综合艺术品,更是历史的见证物。因此,本书选用的文章,均以像章为载体,结合当时出现的重要时事或像章收藏中出现的大事，有感而发，真实记录。如纪念抗战胜利50周年，发表《赏像章　话抗战》一文；纪念长征60周年，发表《赏长征像章　忆长征之魂》一文；1998年夏，全国军民共抗百年不遇的大洪水，发表《像章诉说抗洪史》一文；当美国国会污蔑中国"窃取"美国军事技术时，发表《像章默默驳谎言》一文；当台湾李登辉之流散布"两个中国"言论时，发表《像章铭刻"统一"志》一文；纪念新中国成立50周年，发表《历史强音　时代缩影——英模系列像章连载》一文；2003年在抗击"非典"的生死决战中，无数医护人员战斗在第一线，成为时代的英雄，发表《像章铭刻伟人名言　历史铭记白衣天使》一文；当像章收藏陷入比"多少与大小"的误区时，发表《毛泽东像章概念内涵、外延及其他》、《走出像章误区　规范像章概念》等文；当像章制假售假泛滥之时，发表《收藏市场必须打假》一文；当像章收藏走出以套章收藏为主的狭窄之路，进入以专题为主的多元化像章收藏之时，发表《从专题入手——关于像章收藏》、《从专题像章收藏的概念说起》两文；为纪念毛泽东同志诞辰110周年暨像章收藏20年，发表《像章收藏三阶段　执著走过二十年》等文，故此书主题书名定为《艺品铭史赏像章》。

　　本书选用的文章，按不同内容分十个方面，集于一书，从不同侧面记录了我10年像章收藏走过的艰辛之路，每篇文章都凝聚着我10年像章收藏的真实心得，既有鉴史赏章，又有研史寻章；既爱像章外在美，更珍像章内涵深；既为像章争论，又因像章交友；既系像章收藏，又重像章研究；既搞好个人像章收藏，更关注像章收藏全局走向等等，故此书的副题书名定为《十心集》。

　　总之，10年来，发表篇篇短文之时，本无集册成书之意。当回首10年收藏之路，择选数篇，编成《艺品铭史赏像章——十心集》一书时，实有无心插柳柳成阴之感。更令人惊喜的是，此书将散落无序的短文，集于一书，成了一本有序记载我10年像章收藏之路的见证。为保证文章的原汁原味，收录本书的文章，绝大多数不作任何修改，只是为适应本书体例需要,对个别文章标题或内容,稍作调整或增减。此书既属"无心插柳"之作,难免有不尽如人意之处,敬请藏友、读者指教。

刘东升

2004 年 2 月 5 日于年寿斋

序——严谨地玩儿着

　　刘东升先生说要出书，请我给他写序，着实把我吓了一跳。我不是徽章收藏家，也不是什么尊者前辈，面对一个收藏家10年心血的集成，既不好敷衍了事地夸赞几句，更不好随意指手画脚。无奈刘先生很倔，说出一大堆理由，放下书目就走了，我拗不过他。

　　说来惭愧，认识刘先生多年，因为收藏的事和他打过许多交道，但我却几乎没有见过刘先生的藏品。和他打交道多是为了文章，所以在我印象中，刘先生更多的是一位徽章收藏理论家。尽管我知道他每周都会到报国寺、潘家园找像章，但不知道他有多少珍贵藏品。因为多年来主编《收藏拍卖导报》和《中国收藏》杂志，我也认识或者知道不少像章界的人，有的能拿出很多珍贵品种，有的收藏了多少多少万枚。我猜，无论是藏品总数还是精品数量，恐怕都不是刘先生的长项。但我很早就知道他有许多珍贵像章的照片，这些照片是他背着相机走遍大半个中国，走访了许多收藏家、博物馆、纪念馆得来的，在像章资料的拥有上，或许无人能出其右。我曾经开玩笑，说他不是像章收藏家，是照片收藏家。

　　弄来这么多照片，当然不是为了收藏，而是为了研究——研究像章。在我知道的收藏家里，刘先生对藏品的研究是最有成就的。举个例子，有一个时期，刘先生总有一些"应时之作"。正如他在前言中所说，抗战胜利50周年、纪念长征60周年，或者到了八一建军节，或者

1

什么地方又出现了水灾等等,他总会拿来一篇紧扣时事的像章文章来。作为报纸或杂志,有时候是需要这些应景文章的,但也不宜太多。因为许多应景文章藏品普通,内容乏味,仅仅是应景而已。但刘先生绝对没有这样的文章,相反,我们看到的一定是言之有物,而且有深意、有趣味的好文章。把这样的文章同现实联系起来,你会惊叹历史,也会思考现在,可谓意味深远。为什么同是应景,却有别样风景呢?首先,作者不是为了应景而应景,而是在把平时的研究、思考和自身的积累,利用某个契机展现出来。其次,这也反映出作者视野的开阔,因为要想最充分地展现自己的思想、观点,仅仅凭借自己的藏品很可能是不够的。而刘先生掌握的不仅仅是自己的藏品,还有那些照片——几乎是全国国家收藏、民间收藏的精华,他的许多小文章同样蕴含着这样的精华。在我们看来,这样的文章不仅对像章收藏界很有裨益,而且对一些门外汉也是有吸引力的。在这里说句不合时宜的话,我们有些"收藏家"虽然拥有不少藏品甚至精品,但是除了价格和真伪以外,对这些像章就知之甚少了。什么叫收藏水平?连自己的藏品都说不出个子午寅卯,水平能有多高?对像章收藏又能有多大贡献呢?

据我所知,刘先生不仅自己研究,还大力倡导甚至"督促"藏友们一起研究。如在2000年10月北京报国寺举办的"第三届全国毛泽东像章展评会"及2003年12月"纪念毛泽东同志诞辰110周年暨全国徽章收藏界庆祝活动"两次全国展评活动中,都出版了厚厚的论文集。看作者,其中包括全国像章收藏界的不少名家高手,看文章,从藏品本身的赏析到一些历史问题的探究,从市场分析到收藏活动遇到的问题,可谓琳琅满目,各显其能,展现了我国像章收藏的最高水平。这两部论文集的"导演"就是刘先生。尽管搞这样的活动在财力上可能捉襟见肘,但是刘先生坚持要出论文集。在征稿、审稿过程中,更是少不了他与作者的沟通、探讨与交流。我敢说,这两部论文集中的许多作品都有他的思想甚至手笔。可以说,这样高水平的论文集在其他收藏门类中是不多见的，是值得传之后人的。

　　我感到的刘先生的第二大特点其实已经写到了——他在通过自己的研究，通过倡导收藏界共同研究，推动着徽章收藏的发展。在这本书里，我们可以读到很多这样的文章。但是局外人不会知道，有些文章就是针对徽章收藏在一个时期存在的某些问题，旗帜鲜明地提出自己的看法，有些文章更是和藏友进行争论。在书的第八章，他专门提出了像章的专题收藏问题。要知道，刘先生认为专题收藏是徽章收藏的重要方向，而且它不仅仅停留在理论上，还把这种理论付诸实践了。在"纪念毛泽东同志诞辰110周年暨全国徽章收藏界庆祝活动"中，他是把专题收藏作为能否评奖的硬性标准之一的。这次活动中，我忝列评委之列，知道很多人对专题收藏不理解，对把它作为评奖标准更是难以接受。不少人认为，收藏的关键是要靠藏品说话，藏品不够档次，专题不专题没有用。在这个问题上，我是极力赞成刘先生的，因为专题不仅能够反映出一个收藏者对自己藏品的了解程度、运用程度，而且，只有把一枚枚不起眼的像章用收藏者的学识联系起来，形成一个有机的整体，才最能反映历史，也才最能体现像章的价值。像章、票证、门券、烟标、火花等大众收藏门类都有一个共同的特点，即市场价格不高，许多收藏者都能接受。说得通俗点，只要花上几十万就能成为这些门类的"大户"，但是没有深入的研究，"大户"就是好的收藏家吗？显然不是。既然是评奖，就要看收藏者研究藏品、研究历史、运用藏品的水平了，专题最能说明问题。这些大众收藏品和古董名画收藏不同，一个人拥有3件元青花，他就是人人称道的大收藏家，因为它们不仅价值上千万，而且可遇不可求。可是你拥有3000枚像章，如果没有研究、运用，就什么也说明不了——买3000甚至3万枚像章都不是什么难事。我真的相信，刘先生倡导的专题收藏一定会是像章收藏的重要方向。

　　民间收藏从总体上看对社会做出了巨大贡献，但是从每个收藏者来看，它本来是一种业余爱好，是娱乐消遣，是"玩儿"。刘先生玩儿得却是十分较真,十分严谨,这和一个人的一贯风格有关。这种玩儿法对有些人来说是难以做到的,但我每每看到刘先生乐呵呵的样子就能猜到,他用这种玩儿法一定得到了别人不曾体验到的乐趣。对别人来讲,更重要的是他的玩儿法对中国像章收藏的发展起到了重要作用。

《中国收藏》杂志社社长、《收藏拍卖导报》主编
2004年9月13日

一、与时俱进赏像章

像章是一种历史遗物,是历史的一部分,它既具有历史史料功能,又有鉴证历史的作用。历史是螺旋式上升发展的,有时你会发现,历史有惊人地相似,适时选用恰当的像章,将历史与现实紧密结合起来,充分发挥像章历史史料功能与像章鉴史作用,是与时俱进收藏、研究、鉴赏像章的重要途径之一。近年发表的一些像章文章,多属此类,择如下几篇,共赏之。

我有集邮的爱好,有时写点集邮短文。1995年秋,《中国集邮报》蔡肠先生,约我为即将增设的《月末版》写一篇纪念抗战胜利50周年的集邮稿子。但此时我已由集邮向收藏像章转移,借机写了《赏像章 话抗战》一文,谁知歪打正着,此文于1995年9月27日,在《中国集邮报》"月末试刊"上发表了,这也是我涉足像章收藏后,写的第一篇有关像章的文章。

赏像章 话抗战

毛泽东像章,除具有艺术价值和收藏价值外,有些像章还有极高的史料价值。为纪念抗日战争胜利50周年,这里特选取部分反映抗日战争史实的毛泽东像章作简单介绍,同时回顾那段难忘的历史。

●中国共产党抗战大本营——延安

图1

1937年1月13日,中共中央由陕西保安(今志丹县)迁至延安,直到1947年3月中共中央撤离,延安一直是中共中央所在地。在这里,中国共产党促成了抗日民族统一战线,指挥八路军和新四军进行抗日战争,并取得最后胜利。

"文革"期间,某单位用铝材制作了一种椭圆形像章。像章正面上方是毛泽东肖像,肖像下方是延安宝塔山和延河桥;像章背面铸有"革命圣地延安"六个字(见图1)。

●培养抗日干部的摇篮——"抗大"

1937年1月20日,中国抗日红军大学改称"中国人民抗日军事政治大学",简称"抗大",校址设在延安。"抗大"是中国共产党培养抗日军政干部的学校,毛泽东同志亲任"抗大"教育委员会主席。抗战八年中,"抗大"共培养了20多万干部,为工农军队发展壮大,争取抗日战争的伟大胜利作出了巨大贡献。

图2

反映"抗大"这一史实的毛泽东像章,较有代表性的是1968年9月,沈阳军区步兵学校,用铝材制作的一种椭圆形"抗大"毛泽东像章(见图2)。像章正面是毛泽东肖像,肖像下方右边是延安宝塔,左边是五星中有一骑马奔驰的抗日将士组成的"抗大"标志,像章下方中央雕铸有"抗大"二字;像章的背面铭文是"抗大"的校训,即"团结、紧张、严肃、活泼"八个大字。

● 八路军、新四军出师抗日

1937年7月7日，日本帝国主义发动了全面侵华战争。次日，中共中央发表宣言，号召全国军民紧急动员起来，建立抗日民族统一战线，实行全民族抗战。8月25日，以毛泽东同志为首的中共中央军委发布中国工农红军改编为国民革命军第八路军的命令。朱德任总指挥，彭德怀任副总指挥，叶剑英任参谋长，任弼时任政治部主任。下辖一一五、一二〇、一二九3个师，共3万余人。同年10月2日，原留在长江一带8省的红军游击队改编为国民革命军陆军新编第四军，叶挺任军长，项英任政治委员兼副军长，下辖4个支队，共1万余人。八路军、新四军相继开赴华北、华中前线，深入敌后，发动群众，开展抗日游击战争。

图3

反映上述史实的毛泽东像章，较有代表性的是"文革"期间用铝材制作的"八路军"、"新四军"铝质像章。"八路军"像章为长方形，像章正面右侧是毛泽东左侧头肖像，像章左侧延安宝塔山下铭有"八路军"三个字；"新四军"像章为旗形，像章正面左上方是毛泽东侧面肖像，右上方雕铸有"新四军"三个字。像章下方是《毛泽东选集》和麦穗(见图3—4)。

● 平型关大捷

图4

1937年9月，侵入山西省北部的日军向平型关、雁门关进攻，企图夺取太原。9月23日，八路军第一一五师以一个团和骑兵营向灵丘、

图5

涞源、广灵之间前进,钳制敌人。24日,一一五师三个团冒雨埋伏在平型关东北的公路两侧山地,伺机歼敌。25日7时,日军坂垣师团第二十一旅团的主力进入埋伏地区,一一五师预伏部队突然发起猛攻,迅速将敌割裂、包围,并与日军展开白刃格斗。经一天激战,毙敌1000余人,击毁汽车80余辆,马车200余辆,缴获大量武器和日用品,获得全国抗战以来的首次大胜利,从而粉碎了"日军不可战胜"的神话。

反映这一史实的毛泽东像章,较有代表性的是"文革"期间某单位用铝材制作的圆形像章(见图5)。

● **抗战纲领——《论持久战》**

抗日战争爆发后,在国内存在着"亡国论"和"速胜论"两种错误论调。这些论调极不利于抗战的顺利进行。为了揭示抗日战争发展的规律,毛泽东从马克思主义理论高度,分析了中日两国的基本特点,即敌强我弱,敌退步我进步,敌小我大,敌寡助我多助等,作出的结论是:抗日战争是持久的,最后胜利是中国的。但要实现抗战的胜利,还需加上主观的努力,实行人民战争。战争的伟力之最深厚的根源,存在于民众之中,兵民是胜利之本,只有充分发动群众,才能造成陷敌于灭顶之灾的汪洋大海。

反映这一史实的毛泽东像章,较有代表性的有以下两种:

其一是用铝材制作的圆形毛泽

图6

东著作《论持久战》纪念像章。像章正面底衬为圆形地球，地球上是中国地图，地图正中为毛泽东侧面肖像，肖像下方是毛泽东著作《论持久战》一书封面、大刀和长枪(见图6)。

其二是1969年中国人民解放军总字121部队，用铝材制作的椭圆形"兵民是胜利之本"毛泽东像章。像章正面是毛泽东侧面肖像，肖像下方雕铸有"兵民是胜利之本"七个大字，大字下方是三朵葵花(见图7)。

图7

● **毛泽东有关抗战的题词**

抗日战争期间，毛泽东题写了许多鼓舞人民斗志，指导抗日战争的重要题词。如"勇敢、坚定、沉着。向斗争中学习。为民族解放事业随时准备牺牲自己的一切！"、"抗战团结进步，三者不可缺一"、"停止敌人的进攻，准备我们的反攻！"、"坚持抗战，坚持统一战线，坚持持久战，最后胜利必然是中国的"等。1940年2月7日，毛泽东为《新中华报》题写了"强调团结与进步"的题词。以此为主题，1969年香港九龙罐头、酒业联合会用铝材制作的一种圆形像章(见图8正反面)。像章正面外圆周为一圈五星，正面上方是毛泽东肖像，肖像下方为毛泽东手书的"强调团结与进步"题词。

图8正反面

5

图9

● 国际主义战士——白求恩

中国人民的抗日战争,得到了世界爱好和平国家、政党和人民的支持,其中最杰出的代表之一就是白求恩医生。

反映这一史实的毛泽东像章,较具代表性的是1968年9月8日,由四川医学院用铝材制作的圆形像章。像章正面是圆形世界地图,地图上方是毛泽东侧面肖像,肖像下方雕铸有我国著名摄影大师吴印咸先生,为白求恩大夫拍摄的他正在做手术的感人画面,画面下方是毛泽东手书的"纪念白求恩"五个大字(见图9)。

● 大生产运动

1941年,由于日军的"扫荡"、国民党顽固派封锁及自然灾害,抗日根据地经济和财政发生了极大的困难。针对这种情况,中共中央和毛泽东同志等发出"组织起来,开展生产运动"的号召,并提出了"自力更生、生产自给"、"发展经济、保障供给"、"自己动手、丰衣足食"的方针。从此,一个军民大生产运动,在各解放区和根据地广泛开展起来。

图10

反映上述史实的毛泽东像章较多,较有代表性的是以下两种:

其一,1968年广东省商业厅,用铝材制作的圆形毛泽东像章。像章正面上方是毛泽东肖像，肖像下方是毛泽东手书的"发展经济、保障供给"八个字，字的下方是广州农民运动讲习所旧址（见图10）。

图 11

其二，"文革"期间武汉市工业设备安装公司，用铝材制作的椭圆形毛泽东像章。像章正面上方是毛泽东正面肖像，肖像下方右边是延安宝塔，宝塔下方是毛泽东手书的"自己动手、丰衣足食"八个大字。肖像下边左方是一位八路军战士纺线的造型（见图11）。

● 发展经济的前锋——南泥湾

为响应中共中央发出的"组织起来，开展生产运动"的口号，1941年3月，八路军一二○师三五九旅在王震旅长的带领下，进驻延安县金盆区南泥湾开荒生产。经过全旅指战员的艰苦奋斗，先后开荒26万亩，养牛喂羊，自办工厂，使荒无人烟的南泥湾变成了"到处是庄稼，遍地是牛羊"的陕北"江南"，为边区人民树立了"自力更生、丰衣足食"的榜样，被誉为"发展经济的前锋"。

反映这一史实的毛泽东像章，最有代表性的延安革命纪念馆收藏的一枚奖章。该奖章由胶片制作，呈长方形。奖章正面右上方为毛泽东同志免冠与朱德同志戴帽并列半身照片肖像，左上方有两行"南泥湾"、"劳动英雄"七个字，奖章下方为南泥湾摄影全景，其上标明了该章的颁发单位与时间，即"三五九旅1943"（见图50）。另从延安革命纪念馆收藏的"三五九旅劳动英雄合影"照片可知，照片上的劳动英雄只有19人。由此推断，得到"南泥湾劳动英雄"奖章的最多为19人。而事隔半个多世纪后，如今能完好保存下来的可谓凤毛麟角。由此不难看出此枚"南泥湾劳动英雄"奖章，不仅具有珍贵的史料研究价值，而且是一枚不可多得的珍罕文物。三五九旅劳动英雄合影照

三五九旅劳动英雄合影

图 12

片(见图12)。

●狼牙山五壮士

1941年9月25日,晋察冀军区一分区一团七连六班,在狼牙山阻击日本侵略军3500余人的进攻,掩护主力部队转到外线打击敌人,并掩护数万群众、地方机关安全转移。六班苦战一天,毙敌90余人,但敌人继续猛攻,情况十分紧急。为了迷惑敌人,班长马宝玉、副班长葛振林和战士胡德林、胡福才、宋学义等五人,把敌人引到悬崖绝路继续战斗,子弹打光了,就用石头砸。最后宁死不屈,砸坏枪支、跳下悬崖。这一壮举,表现了中国共产党领导下的人民军队,不怕牺牲的高尚品质和中华民族不可征服的英难气概。

反映这一史实的毛泽东像章,较有代表性的是用铝材制作的一种椭圆

图 13

8

形"狼牙山五壮士"纪念像章。像章正面上方是毛泽东肖像、肖像下方是山势险要的狼牙山示意图,山上站有五位赤手空拳、视死如归的八路军战士,像章最下边雕铸有"狼牙山五壮士"六个大字(见图13)。

● **准备反攻**

1942年1月2日,毛泽东同志为《八路军军政杂志》创刊三周写了"准备反攻"的题词。同年11月6日,毛泽东在《祝十月革命25周年》一文中指出,世界反法西斯战争发生了转折,"从此以后,世界反法西斯阵线的任务,就是发动对法西斯阵线的进攻,最后打败法西斯。"从此,各解放区和根据地开展了反攻前的练兵运动,并开始了局部的反攻。

反映这一史实的毛泽东像章,十分珍贵的一枚是延安革命纪念馆保存的国家文物级的"反攻先锋"毛泽东像章。该章是1943年驻守延安的警三旅,用胶片制作的,呈长方形。像章正面右上角是毛泽东肖像,像章正中央是一面旗子,旗子上写有"反攻先锋"四个大字,像章最下方是"警三旅第二届冬训奖章"等字样(见图14)。

图 14

● **人民战争胜利万岁**

1945年5月8日,德国无条件投降,欧洲反法西斯战争胜利结束。在太平洋战场,美军逼近日本本土。在中国战场,中国共产党领导的人民军队

图 15

9

图 16

将日军压缩到大中城市、主要交通线和沿海地区。8月8日,苏军对日宣战,随即出兵中国东北。9日,毛泽东发表《对日寇的最后一战》的声明。10日和11日,朱德连续发布了7道命令,命令各解放区人民抗日武装力量发起进攻。8月15日,日本被迫宣布无条件投降。

反映抗日战争胜利史实的毛泽东像章,较有代表性的是两枚用铝材制作的圆形"人民战争胜利万岁"像章。其一,像章正面上方是毛泽东肖像,肖像后是延安宝塔,肖像下方是《毛泽东选集》、长矛、步枪,并雕铸有"人民战争胜利万岁"八个大字;其二,像章正面上方是毛泽东左侧头肖像,肖像下方铭有"人民战争胜利万岁"(见图15—16)。

在像章家族中,记载红军长征史实的像章较多,既有珍罕像章,又有精品像章;既有独立章,又有套章。为纪念红军长征胜利60周年,作者发表了《赏长征像章 忆长征之魂》一文。

赏长征像章 忆长征之魂

在红军长征胜利60周年之际,再次观赏收藏的长征专题像章,更觉兴味盎然,感想良多。

一、长征专题像章概况

笔者对已收集到的近200种不同的长征专题像章进行分析,感到具有以下几个特点:

(一)材质繁多。有铝、铜、瓷、搪瓷、竹、硬塑料、软塑料、有机玻璃、珠光玻璃等。其中铝质约占72%;瓷质约占14.5%;搪瓷约占6.5%;硬塑料约占3%;软塑料约占2%;其余约占2%。

(二)规格适中。绝大多数像章的规格均在2—7厘米之间,适于人体佩戴。其中2—3厘米的约占8.6%;3—4厘米约占10.7%;4—5厘米的约占32.8%;5—6厘米的约占22.6%;6—7厘米约占20.7%;7厘米以上的约占4.5%;最小的为1.57×2.45厘米,最大的直径为12.3厘米。

(三)制作时间相对集中。据笔者所知,目前,国内仅发现一枚建国前制作的大渡河战斗英雄奖章,现藏于延安革命纪念馆,属国家二级文物。其余长征专题像章均为"文革"时期的1967—1969年之间制作的。

(四)内容丰富。长征像章虽然都以长征史实为制作主题,但因各自反映长征中不同时期的不同内容,而使像章的内容丰富多彩,绝不单调。如撤离瑞金、开始长征、突破乌江、遵义会议、巧渡金沙江、强渡大渡河、冲过泸定桥、翻越雪山、跨过草地、攻破腊子口、翻越六盘山、三大主力红军会师等等。另外,还有以毛泽东当年表现长征史实的诗词，如《十六字令》、《忆秦娥·娄山关》、《清平乐·六盘山》、《七律·长征》等为内容制作的像章等。

（五）套式多样。既有反映长征某一史实或有关长征诗词中某一诗句的单枚像章，也有反映长征全过程或有关长征全部诗词的单枚像章；既有多枚像章反映长征中某一史实的系列章，也有多枚像章反映长征全过程或有关长征全部诗词的套章。

二、珍品之一——大渡河战斗英雄奖章

1994年初，笔者在延安革命纪念馆见到一枚未展出的毛泽东奖章。此章呈五角星形，内镶毛泽东肖像。上方为一党徽，右侧为"战斗"两字，左侧为"英雄"两字，下方为"中共军委会奖"六个字（见图17）。据该馆档案记载：此章是奖给红军长征中抢渡大渡河英雄的。尽管该章的具体制作时间及详细背景仍需考证，但它本身提供的信息及据馆藏文字记载，以下几点是可以

图 17

肯定的：其一，制作颁发单位级别较高（中共军委会）；其二，制作枚数较少（17或22枚）；其三，史料价值、研究价值极高。因此，此枚奖章不仅是少有的珍品，也是国家的珍贵文物。

三、精品之一——长征史实单枚像章

在数百种长征专题像章中，有一种与众不同的精品像章，就是1969年由新风加工厂用铝材制作的、圆形、直径为12.33厘米的像章

(见图18)。像章正面上半圆花边是76颗小五星,寓意制作当年毛泽东同志76岁;下半圆花边是齿轮、麦穗和九颗大五星,寓意中国工农红军,而九颗大五星又象征1969年召开的中共"九大"。花边内上方是毛泽东左侧头像,肖像下方是天安门城楼和一组红军长征路线示意图,从左至右记录了长征全程的主要史实,即瑞金——长征起点之一;娄山

图 18

关——长征途中取得第一个大胜利的地方;遵义会议——长征中有关中国革命胜利转折的重要会议;泸定桥——长征中突破围堵的关键一役;雪山、草地——长征中最艰苦的征程;腊子口——长征中攻克的最后天险;六盘山——长征胜利在望;延安——三军会合,长征到达目的地。

像章背面铭文是毛泽东概括长征史实而写的《七律·长征》诗一首。

此章匠心独具,制作精美,图文并茂,具有较高的艺术价值和史料价值。今日重新观赏,不能不叹为精品!

四、精品之———长征史实大套章

像章中的大套章(10枚以上)好似文学作品中的宏篇巨著,它用多枚像章较集中地反映一个主题或全面地记录一段史实。因此,设计、制作要求更高。

在长征专题像章中,属于套章范畴的,目前多见的有十余套。其中精品套章较多,如军事学院制作的长征诗6枚套章,7枚长征史实套章;8枚编号长征史实套章;9枚外文编号长征史实套章以及江苏

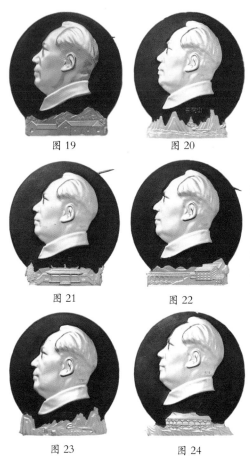

图 19　　　　　　图 20

图 21　　　　　　图 22

图 23　　　　　　图 24

省制作的7枚编号《七律·长征》诗词套章,后字247部队制作的10枚编号长征套章等。而精品佳作大套章要属北京制作的14枚长征主题大套章。(见图19—32)。此套章之所以被称为精品佳作,不仅在于它枚数多,关键还在于具有以下特点:

第一,取材全面,烘托主题。一般长征套章,大都反映红军长征过程,而此套章却把长征放在中国革命历史的长河中加以表现。为此,在长征前选取了韶山、井冈山和古田三个有革命传统的地址,为长征取得胜利进行了有力的铺垫;继而选用了瑞金、乌江、遵义、娄山关、金沙江、泸定桥、雪山、草地、腊子口、延安等10个长征经过的重要地址,全面再现了长征的全过程,进而突出了此套章的主题;最后,又选取了北京天安门城楼、人民大会堂、中国国家博物馆三个有象征意义的建筑,进一步说明长征在中国革命和建设事业中的深远历史意义,从而进一步深化了主题,升华了内涵。

第二,设计新颖,布局考究。设计者将此套章的前13枚按照一图一文一章,直接反映一个史实的写实手法设计,令人一目了然。最妙的

是，为充分说明长征胜
利的伟大意义和深远影
响，最后一枚像章设计
一改一图一文一章的手
法，将看似与长征无关
的天安门、人民大会堂
和中国国家博物馆三个
极具象征意义的建筑，
利用三者均位于天安门
广场的现实，自然地汇
集在一枚像章中，从而
给人留下了广阔的想象
空间和深入思索的天
地。纵观整套像章，布局
均衡有序，构图疏密有
致，平衡中不乏变化，可
见设计者匠心独具，令
人称道。

第三，制作精细，
形象逼真。此套像章工
艺考究，毛泽东肖像逼
真，雕图准确，特点鲜
明，喷漆均匀，洁净明
亮。毛泽东头像下的所
有图形特征突出，惟妙
惟肖，观赏时令人神
往，百看不厌，浮想联
翩，爱不释手。

图 25

图 26

图 27

图 28

图 29

图 30

图 31

图 32

1998年夏天,长江、嫩江、松花江先后发生百年不遇的特大洪水。在全国军民抗洪救灾时,作者用一组毛泽东同志领导中国人民治理江河的史实像章,写成《像章诉说抗洪史》一文,以颂扬军民再次谱写抗洪救灾英雄篇章的壮举。

像章诉说抗洪史

1998年入夏以来,长江、嫩江、松花江流域先后发生特大洪水。在军民抗洪抢险的关键时刻,江泽民同志亲临长江抗洪第一线,发出了"坚持!坚持!再坚持!争取抗洪斗争的最后胜利"的指示。这使我联想到几枚具有特殊意义的毛泽东像章,像章上记载着老一辈革命家对抗洪救灾、兴修水利的殷切希望。

"一定要把淮河修好"

淮河是我国大河之一,解放前因水利失修,给两岸人民带来了严重的水灾。

新中国刚刚成立,毛泽东同志于1950年7月20日指示周恩来总理,召集有关人员讨论根治淮河问题。同年10月,毛泽东同志为此发出了"一定要把淮河修好"的号召。毛泽东的号召极大地鼓舞了全国军民治淮的决心和信心,经7年奋战,取得了伟大的成就,使像皖平原免除了水患危害,同时保证了津浦路和蚌埠、淮南等城市的安全。

为纪念毛泽东同志发出"一定要把淮河修好"的伟大号召,1968年12月安徽省水纵革委会制作了一枚像章,以资纪念(见图33)。

图33

"要把黄河的事情办好"

汹涌的黄河在历史上多次给两岸人民带来严重危害。然而,在毛泽东同志的心目中,黄河有她特殊的地位。1952年10月下旬,毛泽东同志视察了中华民族的母亲河——黄河。

1952年10月30日下午,毛泽东乘专列到达开封,随即换乘汽车赶往1938年蒋介石下令炸堤的决口处——花园口。看到奔腾不息的黄河水面高居开封地平线之上,毛泽东忧心忡忡。第二天凌晨5时,毛泽东同志嘱咐当地负责同志"要把黄河的事情办好"。7时多,毛泽东乘坐的专列停在黄河南岸的邙山脚下。毛泽东登上邙山山顶,从东到西,又从西到东地走了几个来回,然后在一个土坎上坐下来,点了一支烟,边吸边凝视远方、边思考着治理黄河的方案。随行记者侯波机敏地按下了相机快门,留下了这一难忘的历史瞬间。

为纪念毛泽东视察黄河15周年,1967年水利电力部黄河水利委员会制作了一种像章,其像章正面铭有毛泽东发出的"要把黄河的事情办好"的指示(见图34)。另外,在纪念毛泽东百年诞辰之际,以侯波摄下毛泽东视察黄河照片为主题的"毛泽东视察黄河"的像章问世(见图35)。

为武汉人民战胜1954年洪水题词

1954年7月,长江中下游发生了百年不遇的特大洪水,特别是工业重镇武汉受到洪水严重威胁。沿江军民紧急动员起来,抗洪抢险。

图34

图 35

图 36

经过十余天的紧张抗洪斗争，武汉人民战胜了洪水，保住了江城。一直关心长江水利建设并多次视察长江的毛泽东同志听此消息后，心情十分激动，欣然命笔，书下了"庆祝武汉人民战胜了一九五四年的洪水，还要准备战胜今后可能发生的同样严重的洪水"的题词。1998年长江发生了比1954年更为严重的特大洪水，不仅如此，嫩江、松花江同样发生了特大洪水。全国军民坚决贯彻江泽民同志的指示，克服一切困难，战胜一切险情，终于取得了抗洪斗争的全面胜利。

为纪念毛泽东同志为武汉人民战胜1954年洪水题词发表14周年，1968年武汉市革命委员会制作了一枚纪念像章(见图36)。

"一定要根治海河"

1963年8月上旬，河北省部分地区连降暴雨，造成海河水系各河出现特大洪水。洪水下泄，直接威胁天津。海河水系各河两岸的党、政、军、民立即行动起来，在狂风暴雨、惊涛骇浪之中，日日夜夜加高加固河岸堤坝，终于

图37

保住了天津，取得了抗洪斗争的胜利。为彻底根治海河，毛泽东同志应时任河北省委第一书记林铁同志的要求，于1963年11月17日为根治海河工程手书了"一定要根治海河"的题词。

1967年，河北省根治海河指挥部制作了一枚"一定要根治海河"的纪念像章(见图37)。

从上述史实，我们清楚地看到，从毛泽东同志到江泽民同志，党与人民心相连、情相系。无论我们遇到任何天灾人祸，在党的领导下，只要军民万众一心，一切灾难均可战胜。

50多年前,1949年4月21日,毛泽东、朱德发出《向全国进军的命令》,百万雄师横渡长江,占领南京,推翻了蒋家王朝,建立了新中国;50多年后,当我们重温这一史实时,当时的情景仍历历在目。历史将永远铭记这一刻!

渡江胜利五十载　像章铭记千万年

50多年前,中国共产党领导的人民军队取得了辽沈、淮海、平津三大战役胜利,但以蒋介石为首的国民党反动派并不甘心自己的失败。蒋介石一方面于1949年元旦发表了"求和"声明;另一方面,又在和谈烟幕的掩护下,将国民党军115个师、70万人部署在湖北省宜昌至上海间1800公里的长江防线上,企图阻止人民解放军南进,以争取时间扩编军队,等待时机,卷土重来。然而,以毛泽东同志为首的中国共产党,凭借二十多年与国民党斗争的经验,对蒋介石的"假和真战"的两手,看得一清二楚,故在蒋介石"求和"的同日,即1949年1月1日,毛泽东在为新华社所写的新年献词中,发出了"将革命进行到底"的伟大号召。毛泽东指出:"敌人是不会自行消灭的。无论是中国的反动派,或是美帝国主义在中国的侵略势力,都不会自行退出历史舞台。"为取得解放战争的彻底胜利,推翻国民党反动统治,建立新中国,毛泽东和中共中央决定由刘伯承、陈毅、邓小平、粟裕、谭震林组成总前委,准备渡江作战。

1949年4月16—18日,毛泽东以中央军委名义3次致电总前委,提出"立脚点应放在谈判破裂用战斗方法渡江上面"的总方针。20日,国民党政府拒绝签订国内和平协定,国共和谈彻底失败。21日,毛泽东、朱德发出了《向全国进军的命令》,我第二、三野战军和地方武装在长江南北广大人民支援下,以木帆船为主要渡江工具,在西起九江湖口、东至江苏江阴长达500多公里的战线上进行了规模空前的渡江战役,并强渡长江成功,彻底摧毁了国民党政府军的长江防线。22日,国民党政府从南京迁往广州。23日,渡江部队解放了国民党政府首都南京,宣告了国民党统治的灭亡。

图38

想当年,为歌颂渡江战役的伟大胜利,毛泽东以诗人的情怀,写下了气势磅礴、意境深远、流传千古的著名诗篇《七律·人民解放军占领南京》。与此同时,我人民解放军制作了《渡江胜利纪念》像章(见图38),以再现渡江壮举,表彰渡江英雄。

20年后,正当"文革"高潮之时,人们仍对渡江战役记忆犹新,故用当年十分盛行的像章这一艺术形式,以渡江战役史实及毛泽东诗词《七律·人民解放军占领南京》为主题,制作了各种各样的毛泽东像章(见图39—42),以纪念渡江战役的胜利,缅怀英雄们的业绩。

图39

图40

图 41   图 42

看今朝，在迎来了渡江战役胜利50周年并将要欢庆建国50周年之际，观赏这一枚枚精美的像章，不仅使我们再次联想到50年前人民解放军抢渡长江的战斗场面，而且使我们铭记渡江战役在建国史上的不朽功绩。当我们朗诵像章上毛泽东的诗句，你会被"百万雄师过大江"的动人情景所震撼；你会从"天翻地覆慨而慷"想到50年来新中国的巨变；你可从"不可沽名学霸王"中感到任重而道远；你能从"人间正道是沧桑"中懂得历史潮流永远滚滚向前，英雄业绩代代相传……

毛泽东像章问世已半个多世纪了。它,作为历史的见证物,从一个侧面真实地、客观地记载了中国近百年的历史。收藏像章就是"收藏"历史,这已成为有识之士的共识。因此,近年来收藏毛泽东像章已被越来越多的人所关注! 在中华人民共和国成立50周年之际,为纪念这个全中国人民光辉的节日,缅怀为创立和建设新中国而作出卓越贡献的有名英烈和无名英雄们,特选择不同年代的部分英模像章,奉献给广大读者! 让我们通过枚枚像章,重温英模的业绩,发扬英模的精神,聆听历史的强音,再现时代的缩影。

历史强音　时代缩影

——纪念建国五十周年英模纪事像章系列选登连载之一

红军长征——十七勇士抢渡大渡河

众所周知,长征是历史记录上的第一次,它向全世界宣告:中国红军是英雄好汉。长征的胜利是中国革命转危为安的关键,是中国革命新局面的开始。

在纪念建国50周年的今天, 我们不会忘记革命前辈的长征,不会忘记成千上万的红军英雄好汉,也不会忘记抢渡大渡河的十七勇士……

1935年5月24日晚,红一军团先头部队一师一团冒着大雨,经120里的急行军,赶至大渡河的安顺场,歼敌两个连,缴渡船一只,控制了渡口。

1935年5月25日,红一军团一师一团二连的17名勇士,在连长熊尚林的率领下,冒着敌人密集的火力,抢渡大渡河。与此同时,红一军团一师一团机枪连3名特等射手, 一营机枪排一名特等射手和炮兵营的神炮手, 以百发百中的猛烈炮火进行有效掩护,17名勇士抢渡大渡河成功,击溃川军第五旅第七团一个营,为中央红军飞越敌军大渡河防线打开了一个缺口。抢渡大渡河的17名勇士是：第二连连长熊尚林，第二排排长罗会明，第三班班长刘长发，副班长张克表，战士张桂成、萧汉尧、王华停、廖洪山、赖发秋、曾先吉，第四班班长郭世苍，副班长张成球，战士肖桂兰、朱祥云、谢良明、丁流民、陈万清。值得纪念的还有为17勇士抢渡大渡河成功立了大功的特等射手和神炮手们。

　　作为历史的见证，据延安革命纪念馆档案记载，该馆收藏一枚国家文物级的大渡河"战斗英雄"奖章。1994年初，笔者有幸在该馆目睹了这枚未曾展出过的奖章(见图17)。该奖章用铜材制作，呈五角星形，像章中央是一掏空的正方形，内镶毛泽东正面照片肖像。肖像上方为一党徽，右侧为"战斗"二字，左侧为"英雄"二字，下为"中共军委会奖"。尽管该奖章的制作时间及详细背景仍需考证，但奖章本身提供的信息及据馆藏档案记载，可得以下几点初步认识：其一，因是奖给抢渡大渡河战斗英雄的，史料价值极高；其二，抢渡大渡河只有17名勇士，加上掩护渡河的特等射手、神炮手仅22人，可见颁发的大渡河"战斗英雄"奖章是有限的，而能保留至今日的更是屈指可数，目前仅见此一枚，堪称"孤品"实不为过；其三，该奖章由中共军委会颁发，是目前所见早期奖章中颁发级别最高的；其四，据初步查证，该奖章选用的毛泽东照片，是从1940年毛泽东与朱德在延安合影中取出的，故可知该奖章制作时间大约在40年代初，制作地点可能在延安；其五，该奖章为铜材所制，而在40年代安延安制作的多数奖章为胶片制成，由此也可看出该奖章的珍贵程度；其六，上述诸点决定了该奖章具有极高的史料价值、文物价值和研究价值。

　　另外，为缅怀红军长征业绩，各地还制作了许多长征史实毛泽东像章套章及一些17勇士抢渡大渡河的单枚毛泽东纪念像章，现介绍其中两枚。

　　其一，1969年3月，东方电机厂革委会用铝材制作的一种椭圆形17勇士抢渡大渡河像章，其规格为65.0×69.0毫米。像章正面上方是毛

图 43

图 44

泽东左侧头肖像，肖像左前方是毛泽东手书的"红军不怕远征难，万水千山只等闲"诗句，肖像下方是17勇士乘船抢渡大渡河时的英姿，船后岸边峻峭的山峰上铭有"安顺场"三个大字（见图43）。其二，仍是用铝材制作的椭圆形17勇士抢渡大渡河像章，其规格为40.0×46.0毫米。像章正面上方是毛泽东左侧头肖像，肖像下方是17勇士乘船、高举红旗抢渡大渡河的动人场面，船的下方铭有"十七勇士抢渡大渡河"九个字（见图44）。

历史强音 时代缩影

——纪念建国五十周年英模纪事像章系列选登连载之二

八年抗战——抗日英雄万万千

1937年至1945年的抗日战争，是中国人民在以国共合作为基础的抗日民族统一战线旗帜下，抗击日本帝国主义侵略的伟大民族解放战争，是世界反法西斯战争的重要组成部分。

抗战八年，中国共产党领导的八路军、新四军，采取独立自主的人民游击战争方针，先后取得平型关大捷、百团大战等胜利。今日回首当年战争场面，前辈们为民族救亡，抗击日寇的英雄壮举，仍历历在目……

1937年9月，入侵山西北部的日军向平型关、雁门关进攻，企图夺取太原。八路军一一五师以一个团和骑兵营于9月23日向灵丘、涞源、广灵之间前进，钳制敌人；以三个团于24日夜，设伏在平型关东北公路两侧山地，待机歼敌。25日7时，日军板垣师团第二十一旅团主力进入设伏地区，我预伏部队突然发起猛攻，速将敌割裂、包围，并与敌展开白刃格斗。经一天激战，毙敌1000多人，击毁汽车80余辆……这一胜利大大打击了日寇的嚣张气焰，鼓舞了全国人民抗战的信心。

为纪念抗日战争的伟大胜利"，"文革"中，六一六革委会以"平型关大捷"为主题，用铝材制作了三枚一套的《人民战争胜利万岁》圆形精美艺术套章，三枚像

图45

章直径均为42.5毫米（见图45—47）。称其为精美艺术套章，缘于设计独特，制作雅致，不仅像章正面图案选材、设计、制作令人称道，而且每枚像章背面均有不同图案，且寓意无穷。其中第一枚像章正面上方是毛泽东左侧头肖像，肖像下方是"平型关战役指挥所"示意图；其背面图案光芒四射，旭日从海平面上冉冉升起，它预示着人民战争的胜利，新中国必将在世界的东方诞生。第二枚像章上方也是毛泽东左侧头肖像，肖像下方是八面红旗和一面党旗及平型关的关沟示意图；背面图案为经纬地球图上一中国共产党党徽，其意是指中国共产党领导的八路军、新四军八年抗战，是世界反法西斯战争的重要组成部分。第三枚像章

图 46

图 47

上方仍是毛泽东左侧头肖像，肖像下方是八面红旗和一面党旗及平型关的北城楼示意图；背面图案为党徽之下一个大"忠"字，它既表明了此套章制作于"文革""三忠于、四无限"的特殊年代，又突出表现了八路军、新四军是忠于党的人民军队。综观此套像章，它抓住了历史的重大事件，主题突出，设计独具匠心，寓意深远，时代特色鲜明，制作精细，美观大方，不愧为一套极具史料研究价值、精美观赏价值和收藏保留价值的精品套章。

另外，六一六革委会还用铝材制作了一枚圆形套式"平型关大

图 48

图 49

捷"独立章，其直径为56.0毫米（见图48）。像章正面上方是毛泽东侧头肖像，肖像下方是将上述三枚套章的正面图案，即"平型关战役指挥所"、平型关的"关沟"、"北城楼"图案集于一图，像章背面铭有"八路军一一五师平型关大捷"等文字，故我称此章为套式独立章，而不是上述套章的头章或尾章。

抗战八年，涌现出无数的抗日英雄，地道战、地雷战、铁道游击队等无名英雄的事迹还在人民中间流传，狼牙山五壮士的悲壮之举仍铭记在人们的心中……1941年9月25日，晋察冀军区一团七连六班的五名战士，为掩护部队及数万群众安全转移，在狼牙山阻击日寇3500余人的进攻。激战一天，毙敌90余人，敌仍猛攻，情况十分紧急。为迷惑敌人，班长马宝玉，副班长葛振林，战士宋学义、胡德林、胡福才五人，将敌人吸引到悬崖绝路。子弹打光了，就用石头砸，最后他们砸坏枪支，一起跳下悬崖。这一壮举，表现了人民军队宁死不屈的高尚品质和中华民族不可征服的英雄气概。

为纪念五英雄的壮举，"文革"中6977部队用铝材制作的圆形"狼牙山五壮士"像章问世。该章规格为46.5毫米。像章正面上方是毛泽东左侧头肖像，肖像下方是狼牙山示意图，及五壮士纪念亭，其下方铭有"狼牙山"三个字，像章背面铭文为"继承壮士志，永远立新功"等（见图49）。

历史强音　时代缩影

——纪念建国五十周年英模纪事像章系列选登连载之三

边区大生产运动——南泥湾劳动英雄

抗日战争中的1941年，由于日寇"扫荡"、国民党顽固派的封锁以及自然灾害的影响，抗日根据地的经济和财政发生了极大的困难。针对这种情况，中共中央和毛泽东发出了"组织起来，开展生产运动"的号召。

为响应党中央的号召，1941年3月，八路军一二〇师三五九旅在旅长王震的带领下，率先开赴延安县金盆区南泥湾开荒生产。经全旅指战员三年的艰苦奋斗，先后开荒26万亩，养猪喂羊，自办工厂，使荒无人烟的南泥湾变成了"到处是庄稼，遍地是牛羊"的陕北"江南"。三五九旅为边区人民树立了"自力更生、丰衣足食"的榜样，被誉为边区"发展经济的前锋"。与此同时，南泥湾大生产运动中涌现出一大批劳动英雄。老红军郑九鸣原在三五九旅化工厂制肥皂，因工作突出，1943年被旅部授予"南泥湾劳动英雄"称号，并获得毛泽东奖章一枚。此奖章郑老一直保存在身边，直到1984年9月才将此奖章捐献给延安革命纪念馆（见图50）。该奖章由胶片制作，呈长方形。像章正面右上方为毛泽东免冠与朱德戴帽并列半身照片（见图12)肖像，左上方有两行"南泥湾"、"劳动英雄"七个字，像章下方为南泥湾摄影全景，其上标明了该章的颁发

图50

单位与时间,即"三五九旅1943"。另从延安革命纪念馆收藏的"三五九旅劳动英雄合影"照片可知,照片上的劳动英雄只有19人。由此推断,得到"南泥湾劳动英雄"奖章的最多为19人。而事隔半个多世纪后,如今能完好保存下来的可谓凤毛麟角。由此不难看出此枚"南泥湾劳动英雄"奖章,不仅具有珍贵的史料研究价值,而且是一枚不可多得的珍罕文物。

另外,在三五九旅大生产运动的带动下,陕甘宁边区党政军机关、民众团体和学校等均开展了大生产运动,促进了边区各方面工作的全面发展,各行各业的先进英模层出不穷,各式各样的表彰会纷纷举行。如1943年11月召开了陕甘宁边区劳动英雄代表大会;1944年5月召开了陕甘宁边区工厂厂长和职工代表会议;1944年10月召开了陕甘宁边区文教工作者会议;1944年12月21日至1945年1月14日,陕甘宁边区召开了劳动英雄和模范工作者大会。到会的劳动英雄和模范工作者多达476人。

图51

1945年1月10日,毛泽东到会接见了全体劳动英雄和模范工作者,并发表重要讲话,指出:"我们是主张自力更生的。我们希望有外援,但是我们不能依赖它,我们依靠自己的努力,依靠全体军民的创造力。"

此次大会还向所有英模颁发了奖状、奖旗和毛泽东纪念章。纪念章已被延安革命纪念馆以国家文物予以收藏(见图51)。此章用铜皮包胶片制成长方形。像章正面上方是毛泽东免冠与朱德戴帽双人并列半身照片肖像,肖像下方写有此章颁发的单位、对象及时间,即"陕甘宁边区劳动英雄模范工作者大会纪念章1945.1.1"。

历史强音　时代缩影

——纪念建国五十周年英模纪事像章系列选登连载之四

解放全中国——直捣蒋家王朝

抗日战争胜利后,全中国人民渴望和平民主,要求建立一个独立与富强的新中国。但以蒋介石为首的国民党统治集团,在美帝国主义的支持下抢夺抗日战争的胜利果实,企图消灭以中国共产党为代表的人民力量,并于1946年6月撕毁停战协定,向解放区发动了全面进攻,解放战争随即全面展开。

人民解放军坚决执行中国共产党制定的"以歼灭国民党有生力量为主,不计较一城一地得失的方针",经两年多的作战,粉碎了国民党政府军的全面进攻及重点进攻,实现了人民解放军由战略防御转入战略进攻的目标。在此期间无数优秀的中华儿女,用鲜血和生命谱写了一曲曲壮丽的英雄颂歌。巾帼英雄刘胡兰、只身炸碉堡的战斗英雄董存瑞等,是那个时代最典型的代表。为此,刘胡兰英勇就义后,毛泽东同志两次为她题写了"生的伟大,死的光荣"的题词。新中国成立后,在刘胡兰家乡修建了她的陵墓和纪念馆,并将毛泽东的题词镌刻在纪念碑上;1967年,一种用铝材制作的"刘胡兰烈士就义20周年"像章,流行全国。该像章呈长方形,其规格为19.5×25.0毫米。像章正面右侧是刘胡兰左侧头肖像,左侧是毛泽东为刘胡兰手书的"生的伟大,死的光荣"的题词(见图52)。

图52

图53

图54

解放战争进入第三年，全国军事、政治和经济形势发生了有利于我而不利于敌的巨大变化，中共中央革命军事委员会及时把我军的攻势，引向就地歼灭敌重点集团的战略决战之中，于1948年9月至1949年1月，先后组织了辽沈、淮海、平津三大战役，共歼灭国民党军154万余人，基本消灭了国民党赖以发动内战的精锐部队，国民党反动统治的基础已从根本上动摇。三大战役的伟大胜利，为解放全中国奠定了牢固的基础。

为纪念"三大战役"胜利20周年，1968年各地制作了一批毛泽东纪念章，现介绍其中的两枚。其一，由中国人民解放军6297部队用铝材制作的一种圆形像章，其直径47.0毫米。像章正面上方是毛泽东同志戴八角帽正面头肖像，肖像下方是数面红旗，红旗右上方铭有"三大战役"四个字，红旗下方是一解放军战士横枪跃马乘胜前进的示意图，象征着人民解放军解放全中国之势勇不可挡。其二，由中国人民解放军海军用铝材制作的圆形像章，其直径为40.0毫米。像章正面图案基本同上（见图53—54）。

三大战役胜利后，国民党不甘心失败，在和谈烟幕掩护下，企图等待时机，卷土重来。1949年4月1日至15日，国共和谈未果。4月20日，国民党政府最后拒绝签订和平协定。21日晨，人民解放军遵照毛泽东和朱德向全国进军的命令，在长江南北广大人民支持下，以木船为渡江工具，在西起九江湖口、东至江苏江阴的长达500多公里的战线上强渡长江天堑，于23日解放南京，宣告了国民党政府统治的覆灭。渡江战役，中国人民解放军共歼敌40多万人，解放了苏南、皖南、浙江、闽北、赣中等广大地区，为继续解放南方各省、建立新中国奠定了基础。1949年10月1日，中华人民共和国宣告成立。100多年来中国人民争取独立解放而进行的伟大斗争，至此获得了彻底的胜利。

在渡江战役胜利20周年的1968年，各地相继制作了一批纪念像章，其中较有代表性的有以下两种。其一，中国人民解放军渡江英雄连用铝材制作的圆形像章，直径为66.0毫米。像章正面上方是毛泽东左侧头放光芒肖像，肖像下方有

图 55

图 56

三面大红旗，红旗下方的长江江面上有数只木帆船乘风破浪勇往直前，其中渡江英雄连的指挥员高举手中枪，司号员吹起前进的号角，战士个个紧握手中枪，向蒋家王朝冲去……（见图55）其二，用铝材制作的长方形像章，其规格为53.4×66.0毫米。像章正面右上方是毛泽东戴八角帽稍侧头肖像，左上方铭有毛泽东的"百万雄师过大江"诗句。像章下方是在三面红旗指引下，人民解放军乘数只木帆船、吹着号角，胜利向前（见图56）。

历史强音　时代缩影

——纪念建国五十周年英模纪事像章系列选登连载之五

保家卫国——抗美援朝英模

　　新中国成立不久的1950年6月25日,美国派兵并纠集14个仆从国家以及南朝鲜伪军,打着联合国旗号,公然发动侵朝战争,并不顾中国政府的一再警告,轰炸中国东北城镇。中国政府根据朝鲜人民的要求,为了援助朝鲜人民抗美救国斗争,保卫新中国,组成志愿军,于1950年10月19日,在中国人民志愿军司令员兼政委彭德怀的率领下赴朝参战。中朝人民军队在世界爱好和平人民的支持下,经过3年浴血奋战,把美伪军赶到三八线以南,迫使美国侵略者于1953年7月27日在停战协定上签字。在战争中,中国人民志愿军共毙伤俘"联合国军"和南朝鲜军109万人,击落击伤敌机1.2万多架……抗美援朝的胜利,保卫了朝鲜民主主义人民共和国和新中国的安全,为保卫世界和平,促进世界人民的反帝斗争作出了重要贡献。抗美援朝战争中,涌现出一大批家喻户晓、永载史册的英雄模范人物。如荣获朝鲜民主主义人民共和国英雄、一级国旗勋章、金星奖章的志愿军特级战斗英雄杨根思、黄继光,志愿军一级战斗英雄杨连弟、邱少云以及获朝鲜民主主义人民共和国一级国旗勋章、一级战士荣誉勋章的志愿军一级模范罗盛教等,他们是抗美援朝中成千上万英雄模范人物的典型代表。在抗美援朝中还有千千万万流血牺牲的无名英雄,他们被人民称为最可爱的人。有人问他们:"你们经历了这么多危险,吃了这么多苦,你们对祖国、对朝鲜有什么要求吗?"这些最可爱的人回答说:"我们什么也不要……想要这么大的一个东西(用手指比个铜子儿大小)一枚'朝鲜解放纪念章',我们愿意戴在胸脯上,回到咱们的祖国去。"多么朴实无华的语言,它充分展示了志愿军战士美丽、纯洁的心灵、宽广而高尚的胸怀……祖国和人民永远不会忘记这些最可爱的人。

1951年，全国政协一届三次会议决定：将"抗美援朝"纪念章颁发给每位参加抗美援朝的战士、工作人员及有关人员，圆了他们佩戴"朝鲜解放纪念章"回到祖国的愿望。该章用铜材制成五角星形，规格为40.0×40.6毫米。像章上方有丝带与铜别针组成的挂牌，像章正面底部是一光芒四射的圆形，其上有一红色珐琅五角星，五角星中间是由两组麦穗与一飘带组成的圆形，圆形中央是毛泽东左侧头肖像，肖像下方的飘带上铭有"抗美援朝纪念"6个字；像章背面铭文为"中国人民政治协商会议全国委员会赠1951"（见图57）。

图57

1955年，全国人大常委会一届五次会议通过《关于授予中国人民志愿军抗美援朝保家卫国有功人员勋章的决议》。与此同时，各地方政府及有关单位还颁发了不同的"抗美援朝"奖章及纪念章，本文介绍以下几种。

其一，1953年10月，由贺龙为团长的中国人民赴朝慰问团，向抗美援朝战士及有关人员赠送了一对"抗美援朝"纪念章。该对章用铜材制成十角形，规格均为38.4×38.5毫米。其中一枚周边为祥云光芒花边，其内由麦穗围成一圆形，圆内是毛泽东左侧头肖像；另一枚周边仍为祥云光芒花边，其珐琅红的圆形内是一展翅高飞的和平鸽，鸽子上方铭有"和平万岁"4个大字。该对纪念章的背面铭文均为"抗美援朝纪念、中国人民赴朝慰问团赠1953.10.25"（见图58—59）。

图 58　　　　　　　　　　　　　　图 59

其二，1951年10月25日，湖南省衡阳专区用铜材制作了一种圆形"中国人民志愿军出国作战一周年纪念"像章，其直径为32.5毫米（见图60）。

图 60

历史强音　时代缩影

——纪念建国五十周年英模纪事像章系列选登连载之六

建设祖国——劳动英雄模范

　　新中国成立的头三年，在恢复旧中国遭到严重破坏的国民经济的同时，还要全力支持抗美援朝战争。为此，全国开展了爱国增产运动，各地涌现出一大批爱国丰产模范，其中任国栋、李顺达、郭玉恩、吴春安4人获农业部颁发的"爱国丰产金星奖章"；各省、市、自治区也颁发有"爱国丰产奖章"。如1952年广西壮族自治区用银制作了一种五角星形奖章，其规格为42.0×42.0毫米。奖章正面周边是放光芒的五角，五角中央圆中是毛泽东左侧头肖像，肖像上方是用汉文与少数民族文字写的"爱国丰产奖章"六个字，肖像下方仍铭有用汉文及少数民族文字"广西僮族自治区人民委员会奖"（注：我国少数民族壮族的"壮"字原为"僮"）（见图61）。原平原省则用铜材制作了一种"爱国丰产奖章"。该奖章为异形，规格为38.0×40.5毫米。奖章上方有一挂牌，奖章正面上方半圆周边是谷穗和麦穗，其下方铭有"爱国丰产奖章"六个字，奖章中央是毛泽东左侧头肖像，肖像下方是一簇棉花，肖像左右两侧各四条飘带，奖章最下方铭有"平原省人民政府"7个字（见图62）。

图 61

图 62

图63

1953年，我国由经济恢复期进入了社会主义改造的过渡时期。在此期间，中国共产党创造性地开辟了一条适合中国特点的社会主义改造道路，成功地在一个几亿人口的大国比较顺利地实现了复杂而深刻的社会变革，促进了工农业和国民经济的全面发展，各条战线都培养了一大批建设社会主义的人才，表彰了一批做出突出贡献的劳动模范和先进工作者，其中规格较高的是1956年4月30日在北京召开的全国先进生产者表彰大会。本文介绍一枚该时期较有代表性的奖章。1955年，北京市人民委员会，用银制作了一种异形"北京市劳动模范奖章"，其规格为39.2×43.0毫米（见图63）。

社会主义改造基本完成后，1957年至1966年，中国共产党开始领导全国人民进行全面的社会主义建设，一批新兴工业部门异军突起，农业开始大规模的基本建设和技术改造，科学技术工作取得显著成绩……与此同时，一大批经济、文化、科技建设骨干力量迅速成长，活跃在各条战线上的社会主义建设积极分子层出不穷，各种类型的表彰会先后召开。如：全国青年社会主义建设积极分子大会，全国妇女建设社会主义积极分子大会，全国农业社会主义建设先进单位代表会议，全国工业、交通运输、基本建设、财贸方面社会主义建设先进集体和先进生产者大会，全国教育和文化、卫生、体育、新闻方面社会主义建设先进单位和先进工作者代表大会等。而每一表彰会都颁发有奖章或纪念章留作纪念。如1960年6月1日，在北京召开的全国文教方面先进工作者代表大会，用铜材制作了一种异形毛泽东纪念章,其规格为26.9×31.2毫米。像章正面由齿轮和麦穗组成一圆形,圆形上有一飘扬的红旗,红旗上有一毛泽东左侧头肖像,圆形下方有一展开的书本(见图64正反面)。另外,1960年,安徽省六安专区,用铝材制作了一种异形"六安专区工业交通运输基建财贸社会主义建设先进集体和先进生产者代表大会"纪念章。该章规格为46.5×48.0毫米(见图65)。

图65

图64 正反面

历史强音　时代缩影

——纪念建国五十周年英模纪事像章系列选登连载之七

伟大的战士——雷锋

雷锋——中国共产党党员、中国人民解放军沈阳部队工程兵某部班长,他以平凡的一生,谱写了一个伟大共产主义战士光辉灿烂的历史。

雷锋,1940年11月生在湖南长沙县。

1956年,雷锋响应党的号召,从学校走上了农业生产第一线。

1958年秋,根据国家需要,雷锋来到鞍山。在鞍山一年多,他3次被评为工厂的先进工作者、18次被评为标兵、5次被评为红旗手,出席了鞍山市青年建设社会主义积极分子代表大会。

1959年12月3日,雷锋应征入伍。在部队革命熔炉的锻炼下,他很快成长起来。

1960年11月8日,雷锋光荣地加入了中国共产党。

1961年6月,雷锋当了班长,他不仅出色地完成本职工作,连队各项活动他都积极参加,并兼任附近小学的少年先锋队辅导员。他积极参加各项社会主义建设活动,处处助人为乐。雷锋在平凡的岗位上所做的好事,都是一件件平凡的事情,但却表现了他那崇高的革命精神和共产主义品德。正因如此,他成为时代楷模,深受人们崇敬。

雷锋入伍不到3年,荣立二等功1次,三等功2次,被评为五好战士、节约标兵、模范共青团员、抚顺市人民代表等。

1962年8月15日,雷锋因公殉职后,引起全军指战员和广大青年的无限悲痛,但他伟大的共产主义战士的光辉形象,却永远活在人民心中。

当毛主席读了雷锋事迹报道后，即对军委秘书长罗瑞卿说："雷锋值得学习"，并于1963年2月下旬手书了"向雷锋同志学习"的题词。接着刘少奇、周恩来、朱德等老一辈无产阶级革命家先后为雷锋题词。

从此，全国掀起了学习雷锋的活动，至今已30多年经久不衰。一个只有22岁短暂生命的普通共产党员，能赢得亿万人民如此崇高和长久的敬意；一个普通战士所表现的高贵品质，能激励几代人的健康成长，影响一个时代的社会风尚，从根本上说，是因为他适应了时代发展的要求，代表了社会进步的方向。

为永远学习这位伟大的共产主义战士的高贵品质和崇高精神，中华人民共和国邮电部于1978年3月5日发行了"向雷锋同志学习"纪念邮票1套3枚；抚顺市和雷锋故乡长沙县分别修建了雷锋纪念馆；人民群众自发的制作了各种镌刻有"向雷锋同志学习"的毛泽东纪念章。本文介绍以下三种像章，以表对雷锋同志的怀念。

其一，1967年3月5日，宁波标牌厂用铝材制作了一种长方形"向雷锋同志学习"毛泽东纪念章，其规格为17.3×25.0毫米。像章正面右侧是毛泽东左侧头放光芒肖像，左侧是毛泽东手书的"向雷锋同志学习"七个大字（见图66）。

其二，1968年3月5日，中国人民解放军沈阳军区召开了纪念毛泽东发出"向雷锋同志学习"伟大号召5周年纪念大会，并用铝材制作一种圆形毛泽东纪念章，其直径为40.0毫米。像章正面上方是毛泽东戴领

图66

图 67 　　　　　　　　　　　　 图 68

章、帽徽、左侧头放光芒肖像,肖像下方簇拥着数面红旗,红旗之上是毛泽东手书的"向雷锋同志学习"的题词(见图67)。

其三,1968年11月20日,"毛主席的好战士雷锋纪念馆"在长沙县雷锋人民公社雷锋大队建成,并对外开放。为此,长沙市用铝材制作了一种圆形"参观毛主席的好战士雷锋纪念馆留念"像章。该像章直径为41.0毫米。像章正面上方是毛泽东左侧头放光芒肖像,肖像下方是"雷锋纪念馆"的示意图,其上铭有毛泽东手法的"向雷锋同志学习"题词(见图68)。

历史强音　时代缩影

—— 纪念建国五十周年英模纪事像章系列选登连载之八

拒腐蚀，永不沾——南京路上好八连

　　南京路上好八连，即上海警备区警备团三营第八连。全国解放前夕的1949年5月，这个连同兄弟部队一起，从硝烟弥漫的战场来到刚解放的大上海。八连进驻上海最繁华的南京路后，牢记毛主席关于两个"务必"的教导，保持和发扬我党、我军艰苦奋斗的光荣传统，身居闹市，一尘不染，出色地完成了执勤、训练、生产等各项任务。上海人民亲切地称赞他们是"南京路上好八连"、"集体的雷锋"。1963年4月25日，国防部发布命令，正式授予八连为"南京路上好八连"的光荣称号。为此，1969年5月，上海警备区用铝材制作了一种圆形毛泽东纪念像章，其直径为46.0毫米。像章正面中央是高浮雕的毛泽东围围巾左侧头肖像，肖像左右两侧是南京路上高楼大厦的示意图，肖像下方有无数面飘扬的红旗；像章背面铭文为"拒腐蚀，永不沾——南京路上好八连进驻上海20周年纪念　上海警备区1969年5月"（见图69）。该像章正面图案设计严谨，寓意深长，给人留下无限的想象空间；背面文字说明具

图69

体准确,主题突出,内涵丰富,给人以无限的启迪。综观该像章正面图案与背面铭文,制作精细,美观大方,图文并茂,互为补充,相得益彰,实为一枚难得的精品像章。特别是在数万种毛泽东像中,该像章是唯一一种记载"南京路上好八连"史实的像章,更显其珍贵。

好八连这面旗帜是毛泽东等老一辈无产阶级革命家亲自树立起来的,是人民军队培养出来的,是在党和人民的关怀下成长起来的。在改革大潮中,好八连仍发扬艰苦奋斗的优良传统,仍保持着人民军队的政治本色。1989年8月,好八连第四次进驻南京路,指战员们睡的仍是50年代的双人床,穿的仍是部队发的"解放袜",会议室里摆的仍是50年代用的长条木凳,南京路上仍能见到好八连官兵为群众修鞋修伞的身影……好八连仍不断创造新的业绩,1991年、1992年连续两年荣立集体二等功,连队党支部被评为全军先进党支部。

1999年是好八连进驻南京路50周年。50年来,南京路上好八连所走过的风雨历程,证明他们不愧是一个在不同的历史条件下,经得起各种考验的先进典型。正如江泽民同志视察好八连时所说:"好八连始终坚定不移地根据党中央的指示精神,遵循毛主席'八连颂'的要求,一直坚持下来了,实在难能可贵……希望全党、全军的同志,都像好八连那样,拒腐蚀,永不沾,在新的历史时期经受住新的考验。"为此,在好八连命名30周年的前夕,江泽民、刘华清、张震分别为"南京路上好八连"题词。江泽民同志的题词是:"艰苦奋斗代代传,一尘不染三十年";刘华清同志的题词是:"艰苦奋斗葆本色 拒腐防变铸长城";张震同志的题词是:"发扬老红军传统 保持艰苦奋斗政治本色"。

历史强音　时代缩影

——纪念建国50周年英模纪事像章系列选登连载之九

屡建新功——海空雄鹰团

在中国人民海军航空兵的战斗队伍中,有一支屡建新功的英雄团队。他们曾在抗美援朝战争和保卫祖国领空作战中,转战南北,威震海空,先后击落击伤敌机11种机型31架,创造了世界空战史上的"八个第一"。这是一支英雄辈出的飞行战斗部队,先后涌现出300多名闻名全国全军的战斗英雄和先进分子,其中有41名代表25次受到毛主席接见;79人次受到周总理的接见。为表彰全团指战员为祖国、为人民建立的卓越功勋,1965年12月18日,国防部授予该团为"海空雄鹰团"的光荣称号。

"海空雄鹰团"命名30多年来,三次改装,每次都是当年改装当年形成战斗力。无论是盛夏隆冬,还是风霜雨露,他们从未误过一次战斗任务。仅近几年内,他们数百次完成战备执勤、科研试飞和军事演练等重大任务。

现在,"海空雄鹰团"人人能飞超低空,人人能飞"全天候"。全团创下全军第一次歼教七打地靶、第一个用国产某型高速歼击机打某型导弹的新纪录。该团连续多年被海军评为军事训练先进团,1993年跨进全军训练先进单位行列,1994年荣获集体二等功。为表彰"海空雄鹰团"屡见新功的业绩,在"海空雄鹰团"命名30周年前夕的1995年,江泽民同志为该团题词:"建设强大的海军航空兵部队　保卫祖国领海安全"。

1968年12月18日,正值"文革"毛泽东像章热潮中,中国人民解放军某部,用铝材制作了一套三枚"海空雄鹰团"命名三周年纪念系列像章。

图 70

图 71

图 72

系列像章之一为椭圆形，其规格为47.0×47.0毫米。像章正面上方为毛泽东左侧头放光芒肖像，肖像右下方的高山上飘着一面红旗，肖像正下方是两架待起飞的战斗机，肖像左下方是两架在空中飞行的战斗机(见图70)。

系列像章之二为圆形，其直径为46.0毫米。像章正面上方是一面飘扬的红旗，红旗上是毛泽东左侧头肖像，红旗下方是滔滔的大海，海面上有两架战斗机在蓝天上飞行(见图71)。

系列像章之三仍为圆形，其直径为50.0毫米。像章正面上方是毛泽东左侧头肖像，肖像下方是一望无际的大海，一轮红日从海面上冉冉升起，光芒四射，几架战斗机在海面上低空飞行(见图72)。

综观三枚系列像章，仿佛看到了英雄的"海空雄鹰团"，在碧波万顷的大海上，在晴空万里的蓝天上，为保卫祖国的海空而日夜巡逻着……

历史强音　时代缩影

——纪念建国五十周年英模纪事像章系列选登连载之十

激流勇进——沧海横流方显英雄本色（上）

1966年至1976年的"文革"10年，在5000年中国历史长河中，可谓暂短一瞬。然而这10年，是特殊的10年，是令人沉思的10年！

在那"革命无罪，造反有理"口号的掩护下，曾冒出一些打着革命旗号，一夜成名的政治暴发户，这其中最典型的当属"四人帮"之一的王洪文。但历史是无情的，曾几何时，王洪文及其"四人帮"同伙们，作为历史的罪人，被永久扫进了历史的垃圾堆。与此相反，同样在"文革"10年中却涌现出一大批在平凡岗位上尽职尽责、坚持生产、坚持工作，为国家、为人民做出了巨大成绩，有的甚至献出了宝贵的生命。他们被党和人民称为真正的英雄，受到人们永远的怀念与尊敬。

毛主席的好战士刘英俊

刘英俊，沈阳部队某部炮连战士，长春市人，1962年6月入伍。1966年3月15日，在与战友去黑龙江省佳木斯市郊训练时，刘英俊驾驭的那辆炮车的辕马受惊狂奔，他为了救护6个被吓呆的儿童，不幸自己被车马压伤，抢救无效，光荣牺牲，是年21岁！事后，他被追认为中国共产党正式党员，追记一等功。1967年3月25日，邮电部发行

图73

《毛主席的好战士——刘英俊》纪念邮票一套6枚；各地还制作了一

批纪念刘英俊同志的毛泽东像章,如"文革"中,一种用铝材制作的圆形"向毛主席的好战士刘英俊同志学习"像章,其直径为44.5毫米。像章正面上半圆周边铭文为"努力学习、忠实贯彻、热情宣传、勇敢捍卫毛泽东思想"。像章中央是毛泽东左侧头、放光芒肖像,肖像下方右侧有四本竖排《毛泽东选集》,肖像正下方是一面红旗,红旗前方是刘英俊身着军装、肩背冲锋枪、双手高举毛主席著作的肖像图(见图73)。

爱民模范排、爱民模范李文忠

李文忠是中国人民解放军某部六连四排排长。1967年8月19日,李文忠同志奉命率领全排战士,护送南昌县蒋巷区红卫兵和革命群众回农村家乡。在横渡赣江时,行船遇险,李文忠和全排战士舍生忘死,奋战激流,使50余名落水的红卫兵、人民群众脱险得救。而李文忠、李从全、陈佃奎三位同志在抢险中献出了年轻的生命。1967年10月26日,经毛主席批准,中央军委授予四排"爱民模范排"、排长李文忠同志"爱民模范"的光荣称号。为学习英雄们的牺牲精神,缅怀英雄们的业绩,人民群众自发制作了纪念英雄们的各种像章,其中最具代表性的是一套四枚的"四句话"像章(见图74-77)。据该套像章制作经办人之一的陈太有先生介绍:1968年10月,由

图74-77

南昌市公交公司、江西大学、江西油脂化工厂三单位联合，以李文忠等生前的誓言"毛主席热爱我热爱，毛主席支持我支持，毛主席指示我照办，毛主席挥手我前进"四句话为主题，每句话制作一枚像章而成为套章。该套章由南昌徽章厂雕刻模子，洪都机械厂冲压模坯，最后经南昌徽章厂再加工，直到1969年元月完成了4000套的制作任务，并分发联合制作的三单位的有关人员。该套章用铝材制成异形，每枚规格均为25.0×32.0毫米。每枚像章正面上方小圆形中是毛泽东左侧头肖像，小圆形上半圆周边是光芒花边。

第一枚，小圆形下方铭有"毛主席热爱我热爱"8个字，字的下方是火炬示意图，其上铭有"红卫兵"3个字；

第二枚，小圆形下方铭有"毛主席支持我支持"8个字，字的下方是一面红旗，其上铭有"革命派"3个字；

第三枚，小圆形下方铭有"毛主席指示我照办"8个字，字的下方是一本打开的书，其上铭有"为人民服务"5个字；

第四枚，小圆形下方铭有"毛主席挥手我前进"8个字，字的下方是由井冈山、三面红旗和一架飞机组成的群雕图。

综观此套像章，内容丰富，寓意深刻，时代特征鲜明，历史烙印突出，实属精品套章。

历史强音　时代缩影

——纪念建国五十周年英模纪事像章系列选登连载之十一

激流勇进——沧海横流方显英雄本色（下）

向蔡永祥同志学习

蔡永祥，浙江省军区某部三连战士，1966年2月入伍。同年10月10日在守卫钱塘江大桥时，发现一根大木头横压在轨道上，这时刚好一列从南昌方向开往北京的764次红卫兵专列飞驰而来。蔡永祥在此危险时刻，奋不顾身，冲上轨道，排除障碍，使满载红卫兵的列车安全驶过。红卫兵的生命和国家财产安全无恙，而我们年轻的战士却壮烈牺牲了，是年只有18岁。

1966年11月12日，中国人民解放军总政治部发出通知，号召全军和广大民兵向蔡

图78　　　　　　　图79

永祥同志学习。为此，浙江省军区用铝材制作了2枚异形对章，规格均为22.0×23.0毫米。该对像章正面基本相同。即像章正面上方是一红旗，红旗左上方是毛泽东左侧头肖像，红旗下方是一列火车行驶在钱塘江大桥上，桥墩上站立着手持冲锋枪的蔡永祥同志雕像，像章下方各铭有"1966.10.向蔡永祥同志学习"及"1966.10.10向蔡永祥同志学习"8个字（见图78—79）。

人民的好干部门合

门合,1928年生于河北省涞源县,1947年加入中国共产党,1948年参加中国人民解放军,生前为青海省军区独立师四团二营副教导员。1967年9月5日,在巴仓农场执行任务,装置驱云防雹的土火箭时,炸药意外爆炸,门合同志为了保护在场的27位同志的生命安全,猛扑到炸药上,光荣地献出了自己的生命。

1968年5月26日,经毛主席批准,追认门合同志以"无限忠于毛主席革命路线的好干部"的光荣称号。为此,青海省军区独立师,用铝材制作4枚一套的"向无限忠于毛主席革命路线的好干部门合同志学习"系列像章。4枚系列像章均为圆形:其一,直径为45.3毫米,像章正面上方是一光芒四射的红太阳,红太阳中央是毛泽东左侧头肖像,肖像下方是7朵葵花,葵花下方铭有"无限忠于毛主席革命路线"11个大字;其二,直径为46.0毫米,像章正面上方是毛泽东左侧头放光芒肖像,肖像下方铭有门合同志生前的誓言:"一切想着毛主席、一切服从毛主席、一切跟着毛主席、一切为着毛主席"4句话,其下方是3朵葵花;其三,直径为43.0毫米,像章正面上方是毛泽东左侧头肖像,肖像下方铭有"跟着毛主席世界一片红"10个大字;其四,直径为45.5毫米,像章正面上方是毛主席左侧头放光芒肖像,肖像下方是无数面红旗,红旗上铭有两行字,即"跟着毛主席永远闹革命、跟着毛主席世界一片红"(见图80—83)。

图80 正、背面

图81

图82

图83

51

英雄集体32111钻井队

32111钻井队,是四川石油管理局的一个英雄集体。1966年,他们以不畏艰苦、不怕牺牲的精神,顽强战斗三个月,高速度为国家打了一口高产大气井,找到一个大气油田。

图84

1966年6月22日,32111钻井队工作现场发生了意外井喷事故,引起大火。他们面对突起的大火,临危不惧,前赴后继,英勇奋战,扑灭大火,用鲜血和生命保卫了国家财产。在这场灭火战斗中,32111钻井队有6位同志壮烈牺牲,21位同志光荣负伤。事后,为表彰、宣传、学习、纪念英雄们的事迹,毛主席接见了32111钻井队的全体英雄;邮电部发行了"向32111英雄钻井队学习"纪念邮票一套3枚;四川省合江县建有纪念烈士陵园和纪念馆;各地还制作了一批纪念像章。如1969年,四川石油管理局用铝材制作了一种托圆形"学习32111钻井队"纪念像章。该章规格为30.2×34.6毫米,像章正面上方是毛泽东左侧头肖像,肖像右下方是大气井架,肖像下方是一片火海,其上铭有"32111"字样(见图84)。

历史强音 时代缩影

——纪念建国五十周年英模纪事像章系列选登连载之十二

奋战风雪高原——工程兵好十连

工程兵好十连，是中国人民解放军工程兵建筑第五四师第一〇三团十连。这个连在战争年代，转战南北，逢山开路，遇水架桥，过黄河，跨长江，艰苦奋战，所向无敌。全国胜利后，这个连在西北风雪高原奋战18年，战酷暑，抗严寒，风餐露宿，劈开奇峰峭壁的雪山，征服奔腾咆哮的激流，填塞举步维艰的沼泽，战胜乱石磊磊的戈壁，修通条条通天大路，筑起座座钢铁长城！奋战风雪高原18年，造就了英雄的连队，培养了一批又一批坚强的战士。为此，1968年8月1日，经毛泽东同志批准，中央军委发布命令，授予该连以"无限忠于毛主席的风雪高原工程兵十连"的光荣称号；1973年12月8日，经中央军委同意，该连荣誉称号改为"风雪高原工程兵好十连"。为纪念这支英雄部队的业绩，学习他们的革命精神，中国人民解放军工程兵于1968年8月1日，用铝材制作了一套6枚"无限忠于毛主席的风雪高原工程兵十连"命名纪念像章。该套章由1枚领头章（见图85）与5枚"五个里程碑"像章（见图86—90）组成（"五个里程碑"是指韶山、井冈山、遵义、延安、北京）。

图85

领头章，直径45.0毫米。像章正面中央是毛泽东左侧头放光芒肖像，肖像下方有9朵葵花，每朵葵花上铭有一字，连起来为"敬祝毛主

图 86—90

席万寿无疆"。

　　第一里程碑像章,直径45.0毫米。像章正面中央是毛泽东左侧头放光芒肖像,肖像下方是韶山毛泽东故居示意图,寓意毛泽东从韶山诞生,犹如旭日东升,中国的希望从这里升起……

　　第二里程碑像章,直径45.0毫米。像章正面中央是毛泽东左侧头放光芒肖像,肖像下方是井冈山示意图,寓意毛泽东提出的"农村包围城市,武装夺取政权"的思想和建立了中国第一个井冈山革命根据地。

　　第三里程碑像章,直径45.0毫米。像章正面中央是毛泽东左侧头放光芒肖像,肖像下方是遵义会议会址示意图,寓意中国共产党召开的遵义会议确立了毛泽东在全党、全军的领导地位;遵义会议,在中国革命危急关头,挽救了党,挽救了红军,挽救了中国革命,从此中国革命从胜利走向胜利……

　　第四里程碑像章,直径为45.0毫米。像章正面中央是毛泽东左侧头放光芒肖像,肖像下方是延安宝塔、延河桥示意图,寓意中国共产党在延安促成了抗日民族统一战线,指挥八路军和新四军进行了抗日战争,并最后取得胜利。

第五里程碑像章,直径为45.0毫米。像章正面中央是毛泽东左侧头放光芒肖像,肖像下方是天安门城楼,其四周飘扬着无数面红旗,寓意自从毛泽东主席在北京天安门城楼上向世界宣告"中华人民共和国成立了,中国人民从此站起来了",中国的社会主义革命与建设揭开了新的历史篇章……

纵观此套像章,既展现了中国人民和中国军队,在党和毛主席领导下走过的革命与建设的历程,又表现了英雄的好十连在革命与建设中所创下的丰功业绩。由大见小,从小见大,这正是此套像章的精妙之处。

历史强音 时代缩影

——纪念建国五十周年英模纪事像章系列选登连载之十三

自卫反击——珍宝岛十英雄

珍宝岛位于中苏(前苏联)边境乌苏里江主航道中心线中国一侧,自古以来就是中国领土。为了侵占该岛,30年前的1969年3月2日,苏军出动武装人员及4辆装甲车、指挥车入侵珍宝岛,开枪开炮打死打伤正在巡逻的中国边防部队战士多名,中国边防部队被迫进行自卫还击。同日,中国政府向苏联政府提出最强烈抗议。1969年3月15日,苏军又出动数十辆坦克、装甲车及大批武装部队,在飞机的掩护下,再次入侵珍宝岛,向不到一平方公里的我珍宝岛发射了大量的炮弹,连续发起3次疯狂的进攻,并用重炮向中国边境纵深射击,战斗持续了9个小时。我边防战士按毛泽东同志关于"人不犯我,我不犯人,人若犯我,我必犯人"的教导,发扬"一不怕苦,二不怕死"的革命精神,奋起反击,将苏军入侵部队全部击退。1969年3月17日,苏军对我珍宝岛发起第三次入侵,中国边防部队再次奋勇还击,又一次挫败苏军的进犯,胜利地保卫了我国神圣领土的完整。

在珍宝岛自卫反击战中,我英雄的中国边防军官兵,勇敢顽强,机智果敢,涌现出一大批用鲜血和生命保卫祖国神圣领土、维护伟大祖国尊严的英雄人物,为表彰他们的英雄事迹,1969年9月,经毛泽东同志批准,中央军委命令授予孙玉国、杜永春、华玉杰、周登国、冷鹏飞、孙征民、杨林、陈绍光、王庆容、于庆阳为"战斗英雄"的光荣称号。为此,邮电部于1970年11月1日发行了"严惩入侵之敌"邮票一枚。而各地军民自发制作了许多纪念"珍宝岛自卫反击战"像章,现介绍以下几种。

1969年8月15日,中国人民解放军3026、3027部队,用铝材制作了

两种"赠给保卫珍宝岛地区反侵略
战争的英雄战士"纪念像章。其中一
枚托圆形,规格为51.0×53.7毫米。像
章正面上方是毛泽东左侧头放光芒
肖像,肖像下方右侧是我两名珍宝
岛自卫反击战士雕刻像,一位手持
钢枪冲锋向前,另一位双手高举毛
主席著作,肖像下方左侧铭有"保卫
祖国神圣领土"8个大字(见图91)。
另一枚像章仍为托圆形,规格为
44.0×46.5毫米。像章正面上方是毛
泽东戴军帽、领章左侧头肖像,肖像
下方有数面红旗,红旗下方是我边
防战士一手高举"毛主席语录",一
手紧握火箭筒,欢呼击退入侵苏军
胜利的喜悦场面,并铭有"保卫祖国
神圣领土珍宝岛"11个大字(见图
92)。此两枚像章生动地再现了我珍
宝岛边防部队英勇反击入侵者并取
得辉煌胜利的史实。

1969年4月15日,黑龙江合江地
区革委会用铝材制作了一种"赠给保
卫祖国领土珍宝岛的英雄军民"纪念
像章。该枚章为托圆形,其规格为
42.0×42.8毫米。像章正面上方是毛
泽东左侧头肖像,肖像下方是一面飘
扬的五星红旗,国旗前方是一位解放
军战士手持钢枪,肩背子弹袋,在乌

图91

图92

图93

图 94

苏里江边的珍宝岛上，为保卫祖国领土而站岗放哨（见图93）。

另外，中国人民解放军4303部队用铝材制作了一种"早已森严壁垒，更加众志成城"纪念像章。像章为盾形，其规格为53.2×67.0毫米。像章正面衬底是一面飘扬的五星国旗，国旗前方是毛泽东左侧头肖像，下方是我边防战士手持钢枪、列队巡逻在珍宝岛上（见图94）。此两枚像章，集中反映了我珍宝岛自卫反击战胜利后，珍宝岛军民仍日夜为保卫祖国的神圣领土而站岗、巡逻的情景。

1999年5月25日,美国国会发表污蔑中国"窃取"美国军事技术的所谓《考克斯报告》,激起中国人民的愤怒,为表我的义愤之情,列举几枚无言的像章,用史实与证物,戳穿美国散布的欺世谎言。

像章默默驳谎言

1999年5月31日,国务院新闻办公室主任赵启正在中外记者招待会上,用大量事实批驳美国国会5月25日发表的污蔑中国"窃取"美国重要军事技术的所谓《考克斯报告》。赵启正在记者招待会上列举了30多年前,在美国对中国进行全面封锁和核讹诈的年代,中国依然靠自己的力量发展了"两弹一星"等国防尖端技术的事实。其实,"两弹一星"的试制成功不仅作为中国历史的重大事件早已载入史册,而且在当时的许多纪念品上也得到了充分反映,我手中的几枚像章就是其中之一。

原子弹

1958年6月,毛泽东说:"搞一点原子弹、氢弹,我看有十年工夫完全可能。"此后,周恩来、聂荣臻领导制定了两次科学技术长远规划。1962年11月,中共中央决定成立以周恩来为首的专门领导机构。1964年10月16日,中国自己研制的第一颗原子弹,在我国西部地区爆炸成功,比美、英、法等国的首次核试验在技术上更为先进。这次核试验的成功,标志着中国国防现代化进入了一个新阶段。为此,各地制作了许多纪念章,以铭记这一具有划时代意义的事件。如一种用铝材制作

图95

的长方形象章,其规格为21.3×35.2毫米。像章正面左侧红太阳中是毛泽东左侧头肖像,右侧是原子弹爆炸时出现的蘑菇云及卫星绕地球旋转示意图,像章右下方铭有"毛泽东思想胜利万岁"的标语(见图95)。

氢弹

从1964年10月成功爆炸了第一颗原子弹,到1967年6月17日我国又在西部上空成功爆炸了第一颗氢弹,只用了两年零八个月的时间。一年多之后,1968年12月27日,在我国西部上空,又一次爆炸了一颗氢弹,成功地进行了一次新的热核试验。这两次氢弹爆炸成功,是广大工程技术人员、干部、工人、战士排除"文化大革命"的干扰,坚持独立自主,加强国防建设所取得的重大成就。"文革"中,一种用铝材制作的圆形像章(见图96正反面)就记录了氢弹爆炸成功的史实。该像章直径为55.0毫米。像章正面上方是毛泽东戴领章左侧头肖像,肖像下方有数面红旗及两颗发射空中待爆炸的氢弹;像章背面铭文记载着"热烈欢呼我国新的氢弹试验成功1968.12.27"。

图96 正、反面

人造卫星

在发展核武器,加强国防现代化建设的同时,毛泽东同志曾提出

"我们也要搞人造卫星"的指示。1970年4月24日，中国第一颗人造地球卫星发射成功，开创了中国发展空间技术的良好开端。为纪念我国第一颗人造卫星发射成功，人们不约而同地制作了各式各样的纪念像章，现介绍两种供欣赏。

其一，"东色地勘"用铝材制作了一种圆形像章，其直径为55.9毫米。像章外圆周是箭头式的花边，花边内上方是毛泽东左侧头肖像，肖像下方是一面党旗、卫星发射现场及发射架，像章最下方铭有"伟大的七十年代"；像章背面铭文为"热烈欢呼我国第一颗人造地球卫星发射成功1970.4.24"（见图97正、背面）。

图 97 正、背面

其二，黑龙江省革命委员会用铝材制作了一种异形像章，其规格为46.4×51.0毫米。像章正面上方是一面扇形红旗，红旗上有毛泽东左侧头肖像，肖像下方是一有经纬度的地球示意图，地球周边是一绕其飞行的卫星及运行轨迹，地球之上铭有"我们也要搞人造卫星1970.4.24"（见图98）。

图 98

1999年7月,台湾李登辉,在接受"德国之声"电台采访时,散布"两个中国"的谬论,遭到中国政府、中国人民的坚决反对,现用几枚"一定要解决台湾"的像章,再次表达中国人民统一中国坚定不移的志向。

像章铭刻"统一"志

前不久,台湾李登辉在接受"德国之声"电台采访时,公然宣称台湾当局已将两岸关系定位在"国家与国家,至少是特殊的国与国的关系"上。台湾当局有关负责人也随声附和,表示两岸关系已从"两个对等政治实体"走向"两个国家",两岸会谈就是"国与国会谈"等等。此谬论一出笼即遭到中国政府、中国人民及世界许多国家政府的坚决反对。

早在1956年6月28日,周恩来总理就代表中国政府宣布:中国人民一定要解放台湾。中国人民解放台湾有两种可能方式,即战争的方式和和平的方式。为充分表达中国人民实现伟大祖国完全统一的

图99

决心,人们制作了一枚枚精美的"一定要解放台湾"的像章。请看如下像章:

"我们一定要解放台湾"像章

一种用铝材制作的长方形像章,其规格为50.4毫米×60.4毫米。像章正面右侧红旗前是毛泽东挥右手左侧半身肖像,像章左侧上方有四架飞行的战斗机,下方海面上航行数艘军舰,其中间铭有"我们一定要解放台湾"9个大字(见图99)。

"随时准备解放台湾"像章

一种用铝材制作的圆形像章,其直径为70.5毫米。像章正面上方是毛泽东左侧头肖像。肖像下方是象征中国人民解放军"海陆空"三军的军舰、坦克、飞机示意图,其间铭有"随时准备解放台湾"8个大字(见图100)。

图 100

"一定要解放台湾"套章

一套用铝材制作的三枚编号套章,从不同侧面表达了中国人民一定要解放台湾、实现祖国统一的决心和信心。

第一枚像章为圆形,其直径为61毫米。像章正面上方是毛泽东左侧头放光芒肖像,肖像下方有象征中国大陆29个省、市、自治区的29面红旗,其上铭有"一定要解放台湾"七个字,红旗下方的台湾海峡之中有一孤立的白色台湾岛。此像章寓意台湾是中国领土不可分割的一部分,一定要解放台湾,实现中国的统一,是中国人民的历史使命(见图101)。

图 101

第二枚像章为托圆形,其规格为66×67毫米。像章正面上方是毛泽东身着军装、挥右手、左侧半身肖像,肖像下方是象征"海陆空"三军的三面红旗及数艘军舰、无数架飞机示意图,其红旗上铭有"一定要解放台湾"

图 102

图103

7个字。此像章寓意中国人民解放军三军时刻准备着,只待一声令下,随时准备解放台湾(见图102)。

第三枚像章仍为托圆形,其规格为66.5×69.5毫米。像章正面上方是毛泽东身着军装、挥右手、左侧半身肖像,肖像下方有30面红旗、两架飞机和一艘军舰,其中有女民兵高举红旗,上铭有"一定要解放台湾"7个字。女民兵右侧是手持钢枪的中国人民解放军战士及右手高举《毛主席语录》、左手紧握钢钎的炼钢工人。此像章表达了以工农兵为代表的全中国人民热切地盼望解放台湾,实现祖国统一的心愿(见图103)。

今日赏析此套像章,别有一番新意:它既再次证明中国统一是大势所趋,人心所向;又正告李登辉、陈水扁之流和台湾当局认清形势,悬崖勒马,莫做历史罪人。

朋友,你想了解新中国铁路事业从小到大、从少到多、从仿到创、从修到造的腾飞史吗?如下的一套像章,会告诉你一、二……

像章铭记腾飞的铁路事业

新中国成立后,在党和政府领导下,铁路事业坚持自力更生、艰苦奋斗的方针,充分发挥广大铁路职工当家作主的积极性和创造性,取得了前所未有的巨大成就。为此,"文革"中,铁道部用铝材制作了一套6枚托圆形像章,从不同侧面铭记了新中国铁路事业发展的概貌。

第一枚像章正面(见图104正反面),在毛泽东肖像下方为天安门城楼示意图。此像章具有承上启下的作用:1949年10月1日,毛泽东主席在天安门城楼宣告了新中国的诞生,它既表明旧中国半封建半殖民地铁路事业的结束,又宣告新中国社会主义铁路事业的开始。故此像章又被称为此套章的领头章。

第二枚像章正面(见图105),在毛泽东肖像下方是武汉长江大桥示意图。众所周知,解放前长江上没有一座桥梁。直到1957年10月,武汉长江大桥建成,才结束了长江上无桥的历史,实现了毛泽东所说的"一桥

图 104 正反面

图 105

图 106

图 107

飞架南北,天堑变通途"的宏愿。到1985年,长江上已建成7座铁路大桥,黄河新修16座大桥,全国各地新建各种桥梁多达1730座,总长1133.2公里。

第三枚像章正面(见图106),在毛泽东肖像下方是建国10周年建成的十大建筑之一——北京火车站示意图。其寓意为以首都北京为中心的铁路枢纽已形成,与之配套的一些大、中城市所在站,如广州、长沙、南京、上海、西安、兰州、成都、苏州、长沙、桂林、太原、哈尔滨、齐齐哈尔等特等、一等客运站都进行了新建和扩建。特别是1996年北京西站的建成与启用,大大增强了北京作为新中国铁路中心枢纽的作用,并促进了全国铁路事业的发展。

第四枚像章正面(见图107),在毛泽东肖像下方是一辆在铁路上奔驰的蒸汽机车。新中国成立初期,蒸汽机车是中国铁路运输的主要牵引动力。

第五枚像章正面(见图108),在毛泽东肖像下方是一辆在铁路上疾驶的内燃机车。1958年,中国铁路牵引动力开始改革,即用内燃机车逐步取代蒸汽机车。

图 108   图 109

第六枚像章正面(见图109)，在毛泽东肖像下方是一辆在铁路上高速行驶的电力机车，其寓意铁路电力牵引主型机车——韶山一型干线电力机车，经10年研制于1969年投入批量生产。像章图107——109，真实记录了新中国铁路技术装备由无到有、由少到多、由仿到创、由修到造，逐步实现现代化的历史。据有关资料记载，从建国初到1985年，我国共试制48种机车，其中批量生产有29种、12500台，包括蒸汽车8650台、内燃机车3312台、电力机车536台、燃气轮机车2台。

在建国50周年之际，观赏此套像章，不仅给人以艺术享受，而且还可通过像章铭记新中国铁路事业腾飞的历史。

50年前,新中国刚刚诞生,1949年12月10日,中国承办了亚洲妇女代表大会,如下的一组像章,是真实记录当年妇女争取人权的历史见证。

妇女为人权斗争的历史见证

1947年底,印尼和越南的全国性妇女团体致函国际妇联秘书处,请求对亚洲各国妇女与儿童的境遇予以特别关注。越南妇女在致函中说:80年来,我们忍受着长期被占领、压迫与恐怖的统治,这些境况把人类降到了畜牲的地位。在人压迫人的社会里,弱者的命运是最苦的,可有谁比妇女儿童更弱呢? 因此,我们要求国际妇联召开一个亚洲妇女会议,以统一亚洲国家仍处分裂状态的妇女运动,并对争取民族独立的亚洲妇女给予道义上的援助。

国际妇联得知上述请求后,立即成立了由法、英、美、苏四国妇女团体代表组成的委员会,并用3个月的时间赶赴印度、缅甸和马来西亚进行调查取证。调查显示:上述三国普遍存在强迫妇女、儿童从事繁重劳动的情况,他们每天工作长达11小时到13小时,可每人一天的工资还不够吃一顿饱饭。据统计,印度每百名儿童只有50名可活到10岁。据此,国际妇联决定于1948年10月在印度召开亚洲妇女代表会议,讨论团结亚洲妇女,争取国家民族独立、人民民主,保卫妇女儿童权利等问题。但由于印度政府的拒绝,会议未能召开。一年后,新中国的诞生为这次会议的召开创造了条件。

1949年12月10日,亚洲妇女代表会议在北京开幕,共有来自苏联、中国、朝鲜等23个国家的代表出席会议。1949年12月16日,亚洲妇女代表会议通过了《致亚洲各国妇女姊妹书》等5个宣言和决议。为纪念亚洲妇女代表会议的召开,我国的江西省、天津市、哈尔滨市分别制作了纪念章,赠给与会代表(见图110—112)。亚洲妇女代表会议

图 110—112

距今已整整50年。今天,当我们观赏记录亚洲妇女为人权而斗争的纪念章时,半个世纪以来,妇女解放运动所取得的巨大成就令我们欣喜。人们不会忘记,在《联合国宪章》序言中,将"人的尊严与价值,以及男女平等的权利"列为两项基本人权条款,以促进国际妇女运动不断发展。1972 年,联合国确定 1975 年为国际妇女年;1975年6月,联合国在墨西哥城召开"第一次世界妇女大会",并通过了《关于妇女的平等地位和她们对发展与和平的贡献的宣言》;不久,联合国宣布1976年至1985年为"联合国妇女十年";1980年7月,丹麦首都哥本哈根召开第二次世界妇女大会;1985年7月,在肯尼亚首都内罗毕召开第三次世界妇女大会;特别是1994年9月4日至15日,第四次世界妇女大会在中国北京召开,来自世界各地近200个国家的代表出席大会,并有3万余人参加了非政府组织妇女论坛,充分展示了妇女运动的成就,并把世界妇女"以行动谋求平等、发展与和平"的呼声传向四面八方……

50年来,国际妇女运动的实践证明,妇女的进步是全人类进步的重要标志,妇女的参与将促进世界的发展。

偶得"文革"时期制作的一对像章,其特殊的正、背面文字,勾起我的一段回忆。顺手记下一篇短文,当你读到它,有何感想?

"八一慰问"纪念对章赏析

1967年初,在上海"一月革命"的影响下,全国各地出现了"夺权"高潮。为此,在各群众组织之间出现了严重的对立,直至武斗不断升级。为稳定全国局势,毛泽东同志于1967年1月23日,同意中共中央、国务院、中央军委、中央文革小组发出《关于人民解放军支持革命左派群众的决定》,但是,林彪、陈伯达、江青等乱军人物,借1967年7月20日发生的"武汉事件"之机,于1967年8月在《红旗》杂志上发表

图113-114

了"无产阶级必须牢牢掌握枪杆子"的社论,文中提出了"揪军内一小撮"的反动口号,企图搞垮中国人民解放军,毁我长城,此事史称"八月黑风"。针对这股黑风,毛泽东同志于1967年8月11日指示,要批判"揪军内一小撮"等观点,提出要"更大规模地展开热烈的拥军爱民运动",并于8月25日指示中共中央、国务院、中央军委、中央文革小组发出《关于展开拥军爱民运动的号召》。据此,全国各地广大人民群众积极开展拥军爱民运动,与此同时还制作了大量"拥军爱民"像章。本文介绍的、由广东惠阳专区制作的"八一慰问"纪念对章,就是其中最为经典的代表作之一。

该对章(见图113—114)用铝材制

作，两枚直径均为40毫米。一枚像章正面中央红太阳中是毛泽东左侧头肖像，红太阳肖像上半圆周边铭有"毛泽东同志是当代最伟大的马克思列宁主义者"，下半圆周边铭有"毛主席万岁"；另一枚像章正面中央仍是红太阳中有毛泽东左侧头肖像，红太阳肖像上半圆周边铭有"毛泽东思想是全党、全军和全国人民一切工作的指导方针"，下半圆周边仍铭"毛主席万岁"。两枚像章的背面图文均为"五星中铭"八一"二字及"八一慰问、惠阳专区革委会"。

此对章是"文革"时期制作的，像章正面铭文均选自1966年12月16日林彪为《毛主席语录》写的再版前言。但铭文对毛泽东同志、毛泽东思想的评价内涵，并不因出自林彪之作而受任何损害。相反，1981年6月27日，中国共产党《关于建国以来党的若干历史问题的决议》仍认为"毛泽东同志是伟大的马克思主义者、是伟大的无产阶级革命家、战略家和理论家"，"毛泽东思想是我们党的宝贵财富，它将长期指导我们的行动。"因此，综观此对章，设计简练，制作规范，以文字直接表现主题，内涵丰富意义重大，具有重要的"文革"史料价值，深远的宣传教育价值和收藏研究价值。

2003年春,当突如其来的"SARS"病毒袭向人间,广大医护人员战斗在这场无声战争的最前沿,人们感谢他们为战胜病毒所做的一切,历史也将永远记住受人尊重的白衣天使。

像章铭刻伟人名言　历史铭记白衣天使

5月12日是"医院日"、"南丁格尔日",在中国被称为"国际护士节"。1912年的5月12日,红十字国际委员会决定,每两年颁发一次"南丁格尔奖章和奖状",作为对各国护士的国际最高荣誉奖。

1937年,中国抗日战争爆发后,加拿大共产党党员、著名外科医生白求恩同志,不远万里来到中国,为中国抗日军民服务。他在工作中表现出的热忱和牺牲精神,堪称模范。1939年白求恩同志在抢救伤员时感染中毒,因医治无效,于同年11月12日逝世。为纪念这位伟大的共产主义战士、白衣天使,毛泽东同志于1939年12月21日写了《纪念白求恩》一文,同时手书"救死扶伤,实行革命的人道主义"题词,以此教育后人,号召人民向白求恩同志学习。"文革"时期,中国人民解放军第四军医大学,用铝材制作了一种像章(见图115),直径为47毫米,正面中央是毛泽东左侧浮雕头像、光芒线,肖像左下方是"老三篇",肖像右下方是我国著名摄影大师吴印咸拍摄的白求恩大夫与两名助手正在做手术的动人画面。肖像正下方铭有毛泽东题词:"救死扶伤,实行革命的人道主义"。

图115

1941年5月,毛泽东同志在延

图116

安为纪念国际护士节,手书了"护士工作有很大的政治重要性"题词;1942年,毛泽东再次在延安为纪念国际护士节题词:"尊重护士爱护护士",并于同年5月12日在《解放日报》发表。"文革"期间,中国人民解放军沈阳空军后勤部,用铝材制作了一种像章,其直径为41毫米。像章正面中央是毛泽东左侧浮雕头像、光芒线,肖像下方是一组毛泽东著作,其下方的飘带上铭有毛泽东题词:"护士工作有很大的政治重要性"(见图116)。

2003年春天,人类受到了"SARS"病毒的侵袭,在我国,广大医务工作者挺身而出,冒着生命危险,救死扶伤。在这场抗"非典"战役中,涌现出了一大批像钟南山、邓练贤、叶欣、丁秀兰、王晶等白衣天使。为表彰他们的先进事迹,最近红十字国际委员会,授予叶欣等10名中国护士获得第39届"南丁格尔奖章";与此同时,广东省人民为铭记白衣天使的功绩,为叶欣雕塑了汉白玉肖像,并为她发行个性化邮票和首日封……

凡此种种,表明人民不会忘记白衣天使,历史将铭记白衣天使。

二、故纸堆里寻像章

像章诞生至今已有60多年的历史,大体可分为早期像章、中期像章、"文革"像章和晚期像章四个阶段。何为每一阶段的第一种像章? 令人关注,也是像章收藏者收藏研究的重要课题之一。对此,笔者分别作了初步的探讨,与同好相商。

很多人一提到像章,就认为是指"文革"像章,这是一个误解。其实,早在20世纪40年代初,像章已在革命圣地延安诞生了。新中国成立后,像章仍在发展,这就是说,"文革"前像章已有20多年的发展史了,只因了解、收藏的人较少,不被大众所知而已。而"文革"像章就不同了,"文革"时期,像章发展达到一个高峰,家家拥有,人人佩戴,几乎成为"文革"时代的标志物之一。因此,时至今日,人们一提像章,就误认为是"文革"产物,一提"文革",就会想到像章,有此误解,不足为奇。

"文革"像章是指1966年5月16日(标志"文革"开始的"5·16通知"发表)—1976年10月(中央宣布"文革"结束)间制作发行的像章。那么,哪种像章是"文革"第一种像章,哪种像章是最后一种"文革"像章,是人们所关心的,《"文革"第一种毛泽东像章诞生初探》、《"文革"最后一种毛泽东像章初探》两文,即是笔者的基本见解。

"文革"第一种毛泽东像章诞生初探

1967年11月15日,《人民日报》报道了北京红旗证章厂制作毛泽东像章的故事。为探寻"文革"第一枚毛泽东像章诞生的经过,我找到了原该厂退休老工人、"文革"第一种毛泽东像章模具雕刻者——田师傅,请他介绍了"文革"第一种毛泽东像章诞生的前前后后……

"文革"前,北京红旗证章厂原名为北京幸福证章合作社。"文革"前,该社曾制作过毛泽东像章,如1961年制作的中国共产党建党40周年毛泽东像章,但以后就停止了。

1965年8月,《毛主席语录》从军队内部发行扩大到地方,全国掀起学习毛主席著作的高潮。受其影响,田师傅萌发了制作毛泽东像章的念头,并利用业余时间学习雕塑毛主席像。经过8个月的努力,在有关部门及老师傅的帮助下,终于在1966年4月雕刻出第一枚毛泽东像章石膏模。

1966年5月,文化大革命开始了,田师傅拿着雕刻好的像章石膏模,要求领导安排制作毛泽东像章。领导对此事极为重视,成立了专门的毛泽东像章制作小组,并经有关部门批准,每月生产30万枚毛泽东像章。因此,"文革"第一种毛泽东像章在北京红旗证章厂诞生了!它是由铝材制作的,直径为15毫米,头像直径11毫米,像章正面红色衬底,中央是毛泽东左侧头肖像,像章背面铭文为"毛主席万岁·红旗"(见图117)。

图 117

　　此像章一面世即受到红卫兵和广大人民群众喜爱。特别是1966年8月18日毛泽东首次接见来自全国的100万红卫兵，当首都红卫兵将别有18枚毛泽东像章的袖章献给毛泽东时，其中就有北京红旗证章厂首批制作的像章。从此毛泽东像章开始传向祖国的四面八方。此后，全国各地乃至海外，纷纷来信求购毛泽东像章，这类信件每天高达数百封，红旗证章厂生产毛泽东像章的数量和品种也不断增加。同时，应其他单位的要求，还支援毛泽东像章模具，供更多的单位制作毛泽东像章。与此同时，上海、杭州、福州、重庆、武汉、哈尔滨等城市也制作出与北京红旗证章厂相似的毛泽东像章。一个群众性的制作、佩戴毛泽东像章的热潮，在中国大地兴起了。

　　值得一提的是，除"文革"第一种毛泽东像章外，"文革"最后一种毛泽东像章也值得玩味。

"文革"最后一种毛泽东像章初探

当我们了解了"文革"第一种毛泽东像章之后，我们更想知道，哪一种是"文革"最后一种毛泽东像章呢？据北京证章厂原高级工艺模具师、现年已退休的恽师傅回忆，北京证章厂制作了"文革"最后一种毛泽东像章，即"关门章"。

"文革"开始后，北京红旗证章厂先于北京证章厂生产出毛泽东像章。但很快北京证章厂也生产毛泽东像章了。从此，像章越做越大、越做越多，不仅本厂生产，还给外单位加工。后来许多单位前来买模具，自己生产。但到1969年"九大"以后，毛主席说了"还我飞机"，北京证章厂的毛泽东像章生产就渐渐停止了。

1976年9月9日，毛泽东与世长辞的消息广播后，举国上下致哀。为适应广大人民群众悼念伟大领袖的急需，北京证章厂用原有的毛泽东像章模具赶制了一批，约几十万枚铝质圆形毛泽东像章（见图118正反面），其直径为20至20.5毫米。像章正面是毛泽东左侧头肖像；像章背面铭有三行文字，即"伟大的领袖和导师、毛泽东主席永

图 118 正反面

垂不朽1976.9.9."。同时,根据中国人悼念活动常佩戴白纸花的习惯,该厂临时设计了一个梅花章图案,制作了铝质梅花章,(见图119正反面)与上述像章配套。当时之所以选梅花,主要是毛泽东生前喜欢梅花,用梅花作图案,最能表达人们怀念主席的心情。

图 119 正反面

梅花章规格为19.0×23.0毫米。章背铭有"北京"二字。"文革"后有人误传,此章图案是文冠(官)果花,并与"四人帮"散布的"文官治国"相联系。恽师傅纠正说,这种说法是有误的。如果说此章有不足,只是梅花花朵小而叶子大,比例失调。正因如此,此章仅生产几万枚就不再生产了。

因此两枚章是为悼念毛泽东而特制的,因而严格按照中国民俗"丧事取白"的传统,充分利用铝材的银白色,并经电抛光,以提高章的洁度和光泽,取得了庄重肃穆的效果。

此两章制作不久,"文化大革命"结束。故此,这两种最后的"文革"毛泽东像章,成了地道的"关门章"。

自1949年10月1日新中国成立，到1966年5月15日"5·16通知"发表前，制作发行的像章称为"中期像章"。新中国成立是中国的一件大事，也是世界的一件大事。记录新中国成立的第一种像章，其身价自然与众不同。但何为第一种纪念"开国"像章，却众说纷纭。笔者经过多方考证，认定《珍贵收藏　难忘历史——记新中国第一种毛主席像章的故事》一文所记载的，1949年10月江西省全体工人制作的"开国纪念"像章，既是赠送"亚澳职工代表大会"的纪念像章，也是见证新中国成立、代表新中国政府制作的第一种像章。

珍贵收藏　难忘历史

——记新中国第一种毛泽东像章的故事

前不久，我去拜访一位老华侨、老邮友。当他听说我对像章颇感兴趣时，便把他珍藏了50年的两枚像章取出，让我欣赏，并向我讲述了像章背后的故事⋯⋯

1949年9月，我们一批从海外归来的华侨青年，在党组织的安排下，经香港来到北京，并于10月1日在金水桥边的观礼台上参加了开国大典，这是我一生中经历的最激动、最幸福、最难忘的一件大事。一个月后的11月16日，我们又应邀列席了在北京召开的"世界工联亚洲、澳洲工会会议"。这次会议是新中国成立后，在我国召开的第一个国际性会议，来自亚洲、澳洲的几十个国家的127名工会代表出席了这次会议。虽然新中国刚刚成立，各方面均在恢复之中，但政府对这次会议十分重视，邮电部为此会专门发行纪念邮票，并特请瓷都景德镇制作了一批纪念像章，作为礼品分赠与会代表及有关人员。我们作为列席代表，每人也得到两枚像章。除保证每人有一枚毛主席像章外，另一枚有的是斯大林像章，有的是朱德像章。我得到的另

图120

一枚是斯大林像章。

每枚像章正面除有伟人肖像外，在肖像的上下还分别写有"亚澳职工代表会纪念"及"中国江西省全体工人赠"文字（见图120），而每枚像章的背面均写有"中华人民共和国开国纪念1949.10"字样。从像章正反面铭文内容及时间，可以看出这两枚像章既是为"世界工联亚洲、澳州工会会议"制作的，也是为庆祝"中华人民共和国开国纪念"而制作的。据目前所知，此枚毛主席像章，是新中国成立后，由官方制作并赠予国内外宾客的第一种毛主席像章。50年来，每当我看到这两枚像章，就不由自主地回想起"开国大典"的一景一幕……正因如此，50年来，这两枚像章犹如传家宝一样，被我珍藏起来。

听着老人娓娓道来的故事，观赏着两枚不寻常的像章，我问道：您还收藏有其他"开国大典"的纪念品吗？老人若有所思地说：我从小就有集邮的爱好，有幸参加千载难逢的"开国大典"，自然最想得

图 121-124

到一套"开国纪念"邮票，可能因建国大事千头万绪，还来不及印制邮票吧！直到1950年7月1日，我国才发行了"中华人民共和国开国纪念"邮票，我当即买了几套，珍藏起来（见图121—124）。此后我还在市场上购得一枚用铜材制作的无肖像的"中华人民共和国中央人民政府成立纪念"章（见图125）。但不知为什么，在我收藏的开国纪念品中，我还是最喜欢那

图 125

两枚像章，它们不是两枚普普通通的像章，而是一段难忘历史的物证。在建国50周年之际，再次观赏这两枚像章，特别是看到像章上铭记的"中华人民共和国开国纪念1949.10"文字，我仿佛再次聆听到了毛泽东主席在天安门城楼向全世界宣告"中华人民共和国中央人民政府成立了！"的宏亮声音，仿佛再次看到了五星红旗在天安门广场第一次冉冉升起的庄严一幕，仿佛看到了英雄的中国人民解放军列队通过天安门广场，接受检阅的壮观场面，还仿佛置身于30万军民在天安门广场共庆新中国诞生的欢乐海洋之中，仿佛……

像章诞生于"革命圣地延安"的结论,被像章实物与相关史料所证实,被藏界所认可。但何为第一枚毛泽东像章之谜,至今无人破解。为探寻像章之源,笔者发表了《第一枚毛泽东像章探寻》一文,略表一孔之见。

第一枚毛泽东像章探寻

近年来,随着毛泽东像章收藏与研究的发展,对何为第一枚毛泽东像章的报道和研究也不断深入,并成为人们关注的焦点之一。同时,这也是早期像章研究的一个重要课题。为此,笔者就如何认定第一枚毛泽东像章谈些看法。

认定第一枚毛泽东像章既要有一个科学的态度,又要有一个客观标准。所谓客观的标准是指既要考证像章的外在特征,如制作像章的材质、肖像、图案、文字、规格等,又要考证像章的内涵,即像章记载、反映的史实。按照上述标准,就有关书刊对第一枚毛泽东像章的收藏报道作如下分析:

(一)1993年3月,《收藏》杂志第三期登载董宁平文称,1992年12月30日,南京太平天国博物馆展出了一枚1932年上海地下党为祝贺毛泽东担任中华苏维埃工农政府主席而制作的毛泽东像章,应为第一枚毛泽东像章。笔者未见此枚像章,也未看到有关此枚像章详尽的资料。但就此枚像章所反映的史实,与毛泽东当年的情况出入较大。从上述介绍的史实看,1931年11月,毛泽东确实被选为中华苏维埃工农政府的主席,但也正是从此时开始到1932年之间,以所谓毛泽东犯了右倾错误为由,当时设在上海的中共中央在党内外对毛泽东进行了公开批判,并撤销了毛泽东在党内、军内的领导职务,致使毛泽东被迫两次离开红军,到东华山和福建汀州去养病。由此分析,上文称1932年上海地下党制作祝贺毛泽东当选中华苏维埃工农政府主席的像章,无论从时间上还是与毛泽东当时的地位均不相符。因此,这枚像章是否是1932年制作的值得商榷,到底何时制作的应作进一步考证。

(二)1993年5月,周继厚先生在《毛泽东像章之谜》一书中介绍,1943年,新四军地下工作者虞延萃被日本鬼子在浙江义乌县苏溪镇杀害。死后,其堂弟虞常卿从其身上找到一枚木质毛泽东像章,并保存至今。周先生认为,此枚像章"是目前发现的最早的毛泽东像章"。笔者认为,仅凭书中数句,就认定为"最早的毛泽东像章",显然过于简单。认定第一枚毛泽东像章是一项十分严肃而认真的工作,在无确凿证据之前,切不可轻易使用"第一"、"最早"等冠名为好。然而,就此章而言,仍有许多质疑之处未作交代,如此章到底为何年、何人制作?制作背景是什么等。因此,此枚像章不能认定是最早的毛泽东像章。

(三)1993年12月,北京出版社出版的《毛泽东像章收藏图鉴》一书认为,收录该书的"东北民主联军毛泽东奖章"是1937年制作的,并认为这是最早的毛泽东像章。据有关文献记载,1945年9月19日,中共中央发出指示,规定我党我军的战略方针是"向北发展,向南防御",主要任务是打击和阻止国民党北进,继续消灭日伪军。遵照这一指示,关内各解放区调入东北的部队组成"东北人民自治军",1946年1月,改番号为"东北民主联军"。1948年1月1日,"东北民主联军"遵照中央军委的指示改称"东北人民解放军"。这就是说,该书认为"东北民主联军毛泽东奖章"是1937年制作的是不准确的,也不是最早的毛泽东像章。据范波同志在《徽章研究》1999年第五期发表的《解放战争时期东北民主联军与东北人民解放军颁发的奖章赏析》一文介绍,1946年东北民主联军组成后,先后进行了秀水河战役,本溪保卫战,解放长春、哈尔滨、齐齐哈尔之战,四平保卫战,鞍山海城战役,新开岭战役,三下江南四保临江以及1947年夏、秋、冬季攻势等战役。为表彰各次战役和平时完成任务突出的有功人员,东北民主联军分别颁

图 126

发各种奖章。战时立功奖章有毛泽东银质奖章（见图126）、朱德银质将章、英雄奖章、勇敢奖章；平时立功奖章有模范奖章、艰苦奋斗奖章。从该文、图介绍，我们可知：其一，上述六枚奖章，只有毛泽东银质奖章上有毛泽东肖像；其二，战时一次评为三个大功（即特等奖）者可获一枚毛泽东银质奖章；其三，毛泽东奖章颁发时间为1946年至1947年之间，而不是1937年。

（四）1993年，《收藏》杂志第九期中，《第一枚毛泽东像章应在延安》一文称，延安革命纪念馆收藏的两枚大生产奖章，一枚是陕甘宁边区劳动模范、模范工作者大会纪念像章；一枚是劳动英雄纪念像章。该像章右上有毛泽东、朱德并列头像，下边一行字为"陕甘宁边区生产展览会赠"，这两枚像章都是1943年制作的。笔者来到延安革命纪念馆，向馆内有关科研人员请教，发现该文报道的两枚大生产像章均有误。其中前一枚的制作时间不是1943年，而是1945年1月；后一枚像章右上角的两个并列头像并不是毛泽东、朱德的头像，而是当时陕甘宁边区政府主席林伯渠及副主席李鼎铭先生的头像。那么，延安革命纪念馆是否保存有1943年制作的毛泽东像章呢？第一枚毛泽东像章在延安的说法是否成立呢？

笔者带着上述问题继续请教了有关人员。据介绍，老红军郑九鸣原在三五九旅化工厂制造肥皂，因工作突出，1943年旅部奖给他"南泥湾劳动英雄"奖章一枚(见图50)。郑老一直保存在身边，直到1984年9月才捐献给延安革命纪念馆。另外，又介绍了两枚"学习"

图127

像章，一枚是长方形，用纸板和胶片制作，正面右上方为毛泽东头像，左上方为一党徽，左下方有"学习"两个黑体字(见图127)；另一枚为红铜制作圆形像章，正面为五星，五星中为毛泽东左头像，五星和头像下方从左至右为繁体的"学习"两字。这两枚"学习"像章均为1942年延安整风时，由原延安党校制作的，但目前尚缺足够证据，仍需进一步考证。但从上述事实说明，延安革命纪念馆确实藏有1943年制作的毛泽东像章是无疑的。另外，该馆有关人员还介绍了一枚五角星形，由铜和胶片制作的像章(见图17)，五角星中央是一个掏空的方形，内镶有毛泽东肖像照片，五角星的上方为一党徽，右边为"战斗"两字，左边为"英雄"两字，下边为"中央军委会奖"6个字。据延安革命纪念馆档案记载，此奖章是奖给红军长征中抢渡大渡河勇士的英雄奖章。但有关像章的详细情况，档案未作记载。尽管如此，这枚像章无疑为我们探寻第一枚毛泽东像章提供了许多新的线索，特别是奖章本身提供的信息及馆藏档案记载可得以下几点初步认识：其一，因是奖给抢渡大渡河战斗英雄的，史料价值极高；其二，抢渡大渡河只有17名勇士，加上掩护渡河的特等射手、神炮手仅22人，可见颁发的大渡河"战斗英雄"奖章是有限的，而能保留至今日的更是屈指可数，目前仅见此一枚，堪称"孤品"实不为过；其三，该奖章由中央军委会颁发，是目前所见早期奖章中颁发单位级别最高的；

其四,据初步查证,该奖章选用的毛泽东照片,是从1940年毛泽东与朱德在延安合影中取出的,故可知该奖章制作时间大约在40年代初,制作地点可能在延安。

通过对毛泽东像章诞生的历史渊源的回顾及第一枚毛泽东像章的探讨,可以得到以下几点认识:

第一,1935年1月遵义会议,毛泽东思想被多数人认识,1937年至1940年,毛泽东思想在党内外广为传播,1942年延安整风时,毛泽东思想已深入人心,1943年毛泽东思想体系形成并被全党所接受。

第二,从理论到像章实物均证明,毛泽东像章发源地在延安的结论是正确的,既符合毛泽东领袖地位形成的历史,也符合中国近代史发展的历史。

第三,第一枚毛泽东像章最大可能诞生在延安,据目前已被证实的早期像章中,制作时间最早的是1943年的"南泥湾劳动英雄"奖章。但这并不能确定是第一枚毛泽东像章,因延安纪念馆收藏的中央军委颁发的大渡河"战斗英雄"奖章、"学习"奖章等,仍有可能是1940年至1942年诞生的像章。

综上所述,早期像章在毛泽东像章群体中,存世品种与数量极少,但史料价值极高,如同邮票中的"区票"一样,已被越来越多的收藏者和研究者所注意。

三、伟人丰采见像章

    像章有数万个品种，数十亿枚，粗看，千头万绪，细想，却有一定之规。尽管每种像章均与毛泽东有直接或间接的关系，但像章与像章之间还是有区别的。像章概括起来主要有四大体系，即每种像章或与中国共产党、或与中国人民解放军、或与中华人民共和国、或与毛泽东个人经历有关，笔者称此为像章的"四大筋骨"。如下《赏毛泽东书法艺术像章》、《珍藏毛主席像章及用品》两文，都从一个侧面展示了伟人风采，反映了广大人民群众对伟人的敬仰与怀念。

赏毛泽东书法艺术像章

    毛泽东同志是当代伟大的无产阶级革命家、政治家与军事家。同时，他也是伟大的诗人和书法家。毛泽东在半个多世纪的革命生涯中，留下了无数珍贵的墨迹。时下，人们在各地许多博物馆、纪念馆，在革命圣地、革命遗址，在革命纪念碑、革命志士墓碑，在报刊、书籍的封面、题头，在巨大建筑物的门额、学校的名匾，以及在国家名片——邮票、历史遗物——毛泽东像章等众多收藏品上，均可以欣赏到毛泽东的书法艺术。

    毛泽东书法艺术像章是指正面或背面有毛泽东手迹的铭文像章。

图 128

图 129

图 130

据笔者目前所知，延安革命纪念馆收藏着两枚制作时间最早、国家文物级的毛泽东书法艺术像章。其中一枚制作于1944年，该像章以毛泽东为纪念张思德同志而手书的"为人民服务"为内容，用铜皮和透明胶片制成长方形。像章正面右侧是毛泽东与朱德戴帽并列的肖像，左侧是毛泽东手书的"为人民服务·毛泽东"等八个大字(见图128)。另一枚制作于1944年，该像章以毛泽东为参加延安中央直属单位个人生产展览会的特等劳动模范陈振夏同志手书的"埋头苦干"(见图129)题词为内容，用胶片制成长方形。像章正面左上方是毛泽东免冠与朱德戴帽双人并列肖像，右下方是毛泽东手书的"埋头苦干·毛泽东"七个大字。

毛泽东书法艺术像章范围广、品种多，不仅如邮票一样有题词、题字、诗词像章，还有书信、书录、批示、指示、文稿等8大类100多种。例如题词类有："为人民服务"、"百花齐放，推陈出新"、"好好学习，天天向上"、"提高警惕，保卫祖国"、"一切为了人民健康"等；题字类有 "人民邮电"（见图130）、"新华书店"（见图131）、"北京电视台"、"遵义会议会址"等；书信类有："沿途一望，生气蓬勃，肯定有希望的，大有希望的"、"红军在世界上是无敌的"等；批示、指示类有："全力以赴，务歼入侵之敌"、"精心设计，精心施工。在建设过程中，一定会有不少错误、失败，随时注意改正"等；文稿、书录类有："强调团结与进步"、"海内存知己，天涯若比邻"等；诗词类（见图132），包括当年已发表过的毛泽东手书诗词墨迹的全部，仅有22首手书诗词像章。

图 131

毛泽东书法艺术像章与邮票，尽管有所不同，但它们之间又有相同之处，即都是毛泽东书法艺术的载体。书法艺术是典型的

图 132

线条艺术，而美的线条是有生命力的。毛泽东的书法粗犷却不失柔美，刚中有柔，柔中有刚。同时，毛泽东的书法作品具有深刻的内涵，真实而生动地记录着他的科学预见、精辟论断、热情鼓舞、谆谆教导，它曾产生过也必将继续产生深远的影响。而用这些气势磅礴的书法制作的像章与邮票，既具有神采飞扬之表象，又有耐人寻味的

内涵,教育于人,激励于人,同时给人以美的享受和心灵的洗涤。这也正是人们格外喜爱毛泽东书法艺术像章与邮票的重要原因之一。

　　毛泽东书法艺术像章与邮票,多数出自"文革"时期,文7"毛主席诗词"邮票是毛泽东书法艺术邮票中枚数最多的一套,今日价格已高达数千元以上。而毛泽东诗词套章像章(34枚)是毛泽东书法艺术像章中枚数最多的一套,其市价已突破数万元,创"文革"毛泽东像章价格的最高记录。由此不难看出,当"文革"年代渐渐远去,人们蓦然回首,发现历史烟尘散后陈旧遗物的可贵,它们的收藏价值、艺术欣赏价值、史料研究价值等得到了人们普遍的认同,这正是国人文化心理积淀的一次丰收。可以预见,随着我国改革开放的发展,商品经济大潮将进一步涌来,人们的收藏意识必将增强,一个新的"毛文化"收藏热必将到来。

珍藏毛主席像章及用品

　　30多年前,邻居王大姐当选为中共"九大"代表,出席了1969年在北京举行的中国共产党第九次全国代表大会,会上被选为大会主席团成员之一。

　　30多年过去了,每当回想当时的一景一幕,好像是刚刚发生的事情,特别是看到她珍藏了30多年的毛主席像章及毛泽东坐位标牌、毛泽东用过的红黑铅笔(黑铅笔上铭有"人民大会堂"字样,红铅笔上铭有"中华牌"字样)及毛泽东吸过的雪茄烟等历史遗物(见图133),王大姐都会显得十分兴奋与激动!我好奇地问王大姐,您是怎样想到珍藏这些的?又是怎样得到的呢?

　　王大姐笑着回忆说,去北京参加"九大"之前,许多送行的战友嘱咐她见到毛主席代他们向他老人家问好,带回一张与他老人家合影

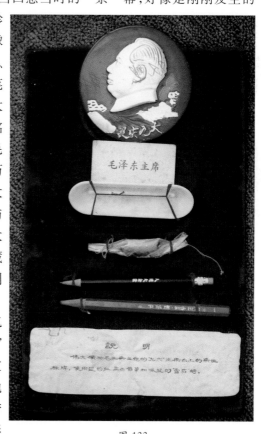

图 133

的照片,送给他们。在北京开会的二十几天中,除参加紧张的会议外,代表们最高兴的是得到大会发给的毛主席像章,最喜欢的是相互交换毛主席像章,王大姐保存的几百枚毛主席像章,多数是"九大"时得到的。王大姐与多数代表不同的是,心里总想着战友的嘱托,能与毛主席合影。见到毛主席的次数不少,特别是每次召开全体大会时,王大姐就坐在离毛主席不远的主席台上,但总没有找到向毛主席问好的机会,更谈不上合影了。

1969年4月24日,中共"九大"召开最后一次全体会议。当毛主席把《团结起来,争取更大的胜利》的闭幕词讲完后,全场响起长时间的热烈掌声,"九大"闭幕了。随后,"九大"代表及主席团成员先后离场。此时,王大姐才如梦方醒,呆呆地望着毛主席高大的身影渐渐离去,心中后悔极了。"我失望地向毛主席坐过的位子扫了一眼,只见桌上还摆着毛主席的坐位标牌、刚刚用过的茶杯、铅笔及吸剩下的雪茄烟等物品。我暗暗惊喜,如若能带几件毛主席用过的物品给战友们欣赏,多少可以满足他们的一点心愿。想到此,我等到服务员收拾主席台时,几经周折,终于索要到了毛主席用过的几件物品。"王大姐返回部队,先后向所属部队的战友们多次作传达报告,每次报告时都要向战友们展示上述物品,与战友们分享见到毛主席的快乐与幸福。每当展示这些珍贵物品时,会场上总会响起雷鸣般的掌声。散会后还有许多人跑过去,仔细翻看毛泽东主席坐位标牌,有的用红蓝铅笔在笔记本上写上一段毛主席语录,并说明这是用毛主席用过的铅笔写的,还有人吸两口毛主席吸过的雪茄烟……30多年来,王大姐精心珍藏着这些历史遗物,珍藏着一段难忘的人生经历!

四、藏友交流议像章

毛泽东同志倡导,艺术要"百花齐放",学术要"百家争鸣",像章收藏亦不能例外。只有遵循"双百方针",像章收藏研究事业,才能兴旺发达,不断发展。

2000年10月,第三届全国毛泽东像章展评活动后,像章收藏进入"以专题为主的多元化"收藏研究发展新阶段,形势一片大好。但2001年2月,《毛泽东像章收藏进入枯水期》一文的发表,引起了全国藏友不同观点的大讨论。笔者的《"枯水期"一说值得商榷》一文,就是在此背景下写出来的。近年的实践证明,像章收藏不仅未进入"枯水期",而是进入了不断持续发展的新时期。

"枯水期"一说值得商榷

2001年2月24日,《收藏拍卖导报》第7版发表了周祖赞先生的《毛泽东像章收藏进入枯水期》一文,以下简称周文。周先生是我国著名毛泽东像章收藏家之一。每当周先生新作发表,我都要认真研读,此次也不例外。

周先生通过对广州及另两县城乡各10户50岁以上家庭的调查推算:现在保留下来的毛泽东像章(以下简称"像章")只是"文革"时期

的1/20，像章存世量已不容乐观——它（像章）的枯水期已到来。初读觉得观点鲜明，有理有据；细读又觉立论欠妥。写下本文与周先生商榷，如有不当，请周先生及藏友斧正。

首先，周先生抽样调查的家庭缺乏代表性，推算缺乏科学性，导致结论缺乏可信性。倒退30多年，大多数中国家庭存有像章的数量相差不多，用周先生的抽样方法调查推算，有一定的可信度。但30多年后的今天，中国绝大多数家庭收藏像章的情况已发生了巨大的变化。多数家庭因"文革"后上交、遗失或变卖等原因，已没有或很少有像章了，这与周文调查的情况基本不同。但有相当一部分家庭，出于对毛泽东深厚的感情，加之对像章的价值有一定的认识，他们既不上交，也不变卖，并希望遗交子孙，留传下去；还有相当多的家庭，不仅完好地保存着"文革"像章，而且还涉足了像章收藏，其家庭像章成千上万，这其中也包括周先生之家。因此，面对目前家庭收藏像章数量悬殊的现实，选用不同的家庭进行调查推算，会得出完全不同的结论。

其次，"文革"像章存世量1亿枚的说法过于保守！从现在像章实物的粗略统计及有关资料的分析中可以看出，"文革"像章存世量很大。仅以全国像章收藏爱好者2万人为基数（实际远不止此数），以每人平均收藏5000枚计算，全国"文革"像章收藏者手中的存世量就是1亿枚。如果加上非收藏者和境外收藏者手中的"文革"像章，目前"文革"像章存世量远远超过1亿枚。

据有关资料记载，1969年3月，周恩来总理在全国计划工作会议上对用过多铝材制作像章提出批评时指出，像章越做越大，已做了22个亿……不久，毛泽东主席发出了"还我飞机"的指示。据此，中共中央于同年6月12日，发出了不准再做像章的通知。但像章制作风并未马上停下来，反而于"九大"前后出现了像章制作的最高峰。由此也引来了人们对"文革"像章到底有多少的猜测。如鲁娜女士在《毛泽东像章收藏与鉴赏》一书中指出，"文革"期间共制作5万个品种、28亿枚像章；宋一凡先生在《毛泽东像章珍品集》一书中称，"文革"

像章数量至少在30亿枚以上；许韧先生在《毛泽东像章纵横谈》一书中指出，"文革"像章总数量估计在35亿枚左右；周继厚先生在《毛泽东像章之谜》一书中称，"文革"像章总数约为48亿枚，品种约在10万种以上。另据《不落的红太阳》一书称，1966年5月至1968年8月，全国有两万多家工厂总共生产各种像章、语录章80亿枚以上。人们对"文革"像章多少看法不一，但周总理在全国计划工作会议上的说法是有根据的。以此为基础，加上"九大"前后高峰时制作的像章，"文革"像章在30至35亿枚之间的说法是可信的。尽管"文革"后有两次像章上交活动，销毁一部分像章，再加上像章自然损耗，到80年代初"文革"像章至少仍存留一半以上，即在15亿至20亿枚之间。

再次，像章存世量与像章存市量是两个概念。像章存世量是指目前仍留存于国内外收藏者与非收藏者手中像章的总数量；像章存市量是指进入市场并准备交易交换像章的总量。像章存市量是像章存世量的一部分，像章存市量对像章存世量无任何影响，反之，像章存世量对像章存市量则有一定影响，但不是主要因素，主要因素是市场的价值规律，如价格以及与市场相关的其他因素，如惜售心理等。近20年来，像章收藏热经久不衰，收藏队伍不断扩大，像章价格突飞猛进，使许多套章价格背离其价值。昔日风光的套章，如今不得不以大幅度的"跳楼价"出售，即使如此，一些主题一般、数量较大的套章，仍是无人问津。与此同时，持续多年的像章收藏热，使许多人对像章的价值有了新的认识，一些人产生了惜售心理是可以理解的。当市场价格走低时，像章存市量减少或较有价值的像章观觅，就是一种正常的市场现象了。

总之，笔者认为：目前像章存世量仍较多，根本不影响像章收藏，像章收藏并不存在进入枯水期的问题。

1999年、2000年,连续两届全国像章展评活动,均以评选独立章、对章、套章为主,对像章收藏起到了一定的推动作用,但也存在不利于专题为主的多元化像章收藏研究发展的弊病。为此,2000年第三届全国像章展评活动,提出了以专(主)题展览、研讨为主,仍保留独立章、对章、套章展评的过渡方案,并收到了一定的效果。2001年2月,一位藏友提出了"徽章展评要升格"的文章,引起我的共鸣,随即发表了《水涨船高话"升格"》一文,与之响应。

水涨船高话"升格"

2001年2月,《像章研究》第二期发表了符仲昇先生的《将像章评比升格为徽章竞赛级展览,如何?》一文(以下简称"符文"),本人基本赞同"符文"的观点。正如"符文"所说"评比与竞赛在语言文字上是难以严格区分的",特别在徽章评比与徽章竞赛实施过程中,都必须经过展示后,方能进行评定,在形式上大同小异。故本文将二者统一简称为"徽章展评",徽章展评升格不在于"评比"与"竞赛"文字或概念的外在变化,而主要在于徽章展评本质的内在变化,由此使人联想到一个更深层次的问题,即徽章展评升格的基础是什么?下面就此谈点个人想法,与藏友共商。

众所周知,徽章展评活动,是徽章收藏研究活动的一部分,徽章展评活动,是检验收藏研究成果的形式之一。因此,从总体上说,徽章展评水平的高低,直接反映出收藏研究水平的高低。徽章收藏研究是徽章展评的基础,徽章展评要升格,徽章收藏研究必须同时升格,这好比水上行舟,水涨船高。此点已被第三届全国毛泽东像章展评活动所证实。

回顾第三届全国毛泽东像章展评获得基本成功,其主要原因是近20年来,徽章收藏研究事业迅猛发展;第三届全国毛泽东像章展评存有不足,也反映了收藏研究仍存在一定的问题。如果1998年,首届全国徽章展评活动评出的毛泽东像章(以下简称"像章")"十佳套章"的成功,得益于自1993年全国兴起的像章套章收藏研究热。如1993年举办"十佳套章"评选,就不会取得像1998年那样好的效果。与此同时评出的"十佳单章",虽有部分像章综合价值十分突出,如"长征路线"像章等,但也有部分像章综合价值一般。特别是评上的"十佳单章"全部为大型的像章,有的还不属像章范畴,由此引来了什么是像章、最佳像章的标准是什么等争论,这既是一种正常现象,又客观反映了当时徽章收藏研究的真实水平与现状。1999年,第二届全国徽章展评活动为发扬首届的长处,克服其短处,提出了扩大展评面的新思路,取得了预定的成效。但首届存在的一些问题,非但没有解决,反而暴露得更加充分了。这再一次说明,在收藏研究水平没有提高的情况下,靠扩大展评面等技术手段,是不能使展评升格的。由此,许多人对徽章展评提出了许多改进的建议,其中包括将单枚(套)像章展评改为专(主)题像章展评。2000年,第三届全国毛泽东像章展评筹委会,在认真总结前两届徽章展评的经验教训,认真听取各方面建议的基础上,分析了全国徽章收藏研究现状后认为:近年来,专(主)题收藏已经兴起,收藏研究已有了很大的发展,徽章展评升格的基本条件已经具备,故提出了一个过渡的方案,即以专(主)题像章展评及像章论文研讨为主的前提下,仍保留单枚(套)像章的展评。其意是进一步摸清全国徽章收藏研究现状,探索徽章展评未来的方向,逐步使徽章展评升格。但为了避免一、二届徽章展评出现的问题,筹委会对每项展评都提出了具体的评定标准,并组织了由各方专家、学者代表参加的评委会。在第三届全国毛泽东像章展评中,我们确实看到了一些专(主)题像章收藏研究水平较好的参展者,如王德新先生的《中苏友好协会会员证章》及姜兴周先生的《四伟大》综合类等专(主)题收藏研究。从表面看,此两专(主)题收藏研究的价值不大,但却以创造性思维,以独特的视角,发现了其中颇具潜力的收藏研究价值,并进行了多年不懈的收藏研究,取得了可喜的成果。在此两展集中,虽无大量的名章佳套可言,但每一展集的价值,却是许多名章佳套所不及的,尽管他们的收藏研究仍有许多不足,却足以显示专(主)题收藏研究的无限潜力与巨大价值。第三届毛泽东像章展评实践告诉我们,专(主)题像章展评及像章论文研讨是基本成功的,并预示着它们将成为未来像章展评活动的主要内容。但是,我们也必须看到,此次参展的专(主)题展集数量不多,质量也不高,这与我们开展专(主)题收藏研究时间不长、收藏研究的人数不多,收藏研究水平不高的现状是吻合的。造成这种现状的原因是多方面的。其中之一,就是我国徽章收藏长期以来处于"自由式收藏"(即无主题收藏)以及近年来受"追风式收藏"(即看到他人收藏什么,就追随收藏什么。今天追套章,明天追"文革"小章,总之,无固定的收藏主题)的影响,许多人仍未走上按专(主)题收藏研究之路。因此,当提倡徽章展评升格的同时,必须克服"自由式收藏"与"追风式收藏"的影响,扩大专(主)题收藏研究者的队伍,提高专(主)题收藏研究的水平,使我国徽章收藏研究整体水平升格,这样才能真正实现徽章展评的升格。

2000—2001年,同一套毛泽东诗画像章,曾有多人在不同的像章专著或报刊上发表了不同的见解,阅后既有不同的收益,又有不同的看法,应时写了《诗无达诂　章有多解》一文,与藏友相互交流,取长补短。

诗无达诂　章有多解
《毛主席万岁——诗画》套章异议

　　"味摩诘之诗,诗中有画;观摩诘之画,画中有诗。"中国传统文化中,诗与画向来是密不可分的。同样,在数千套毛泽东像章套章中,诗画套章便多达50余套。

　　毛泽东诗画套章,是指套章主题以毛泽东诗词或绘画图案来表现的套章,简称"诗画"套章。在50多套诗画套章中,按其表现套章主题的不同形式,可分为三类:第一类,绝大多数诗画套章中, 既有毛泽东诗词,又有绘画图案,如海军装备部用铝材制作的《毛主席万岁——诗画》5枚套章(见图134—138);第二类,少数诗画套章中, 只有毛泽东诗

图 134-138

图 139—143

词,而无绘画图案,如江西用竹材制作的《敬祝毛主席万寿无疆》5枚套章(见图139—143);第三类,极个别的诗画套章中,只有绘画图案,而无毛泽东诗词。其中,第三类诗画套章,目前仅发现一套,近年来引起了像章收藏研究者的关注,这就是铝质《毛主席万岁——诗画》5枚套章(见图144—148)。这套套章说它看似平常,是因5枚像章正面除有一样的毛泽东左侧头部肖像,肖像下方有不同的绘画图案外,再无其他任何图文;而每枚像章背面均是简单的"毛主席万岁"五个字,既未标明制作单位,也未注明制作产地。它引起许多收藏者的兴趣。

现就几位不同收藏研究者对此套像章的不同破解,摘要分述如下:

2000年9月,王金平先生在《毛泽东像章套章收藏图鉴》一书的第268页,以《毛主席万岁铝质套章》为题,根据此套五枚像章正面图

王-1 百舸争流
周-3 秦皇岛外打渔船
李-1 风景这边独好
刘-1 问苍茫大地,谁主沉浮?

王-2 春风杨柳
周-2 春风杨柳万千条
李-3 春风杨柳万千条
刘-3 春风杨柳万千条

王-3 无限风光
周-5 无限风光在险峰
李-4 暮色苍茫看劲松
刘-4 暮色苍茫看劲松

王-4 梅花欢喜
周-1 梅花欢喜漫天雪
李-5 梅花欢喜漫天雪
刘-5 梅花欢喜漫天雪

王-5 万寿无疆
周-4 一山飞峙大江边
李-2 江山如此多娇
刘-2 江山如此多娇

图 144-148

案,认定了像章的内容并为其排序如下:"1.百舸争流;2.春风杨柳;3.无限风光;4.梅花欢喜;5.万寿无疆"。

2001年5月,周祖赞先生在《中国徽章——毛泽东像章套章珍藏集》一书的第46页,针对此套五枚像章写道:"这套章是根据毛泽东的五首诗词的内容,采用绘画的艺术手法制作的。"据此,周先生给此套章命名为《毛主席诗词绘画套章》。同时,根据此套五枚像章正面图案,结合相关的毛泽东诗词,分别对每枚像章内容标注为:"1.梅花欢喜漫天雪;2.春风杨柳万千条;3.秦皇岛外打渔船;4.一山飞峙大江边;5.无限风光在险峰"。

2001年11月15日,李孙添先生在《徽章研究》2001年第11期上,发表了《浅析一套寓意深邃的像章——"毛主席万岁"意境套章》一文。李先生在该文中认为:"(这套章)不能理解为一套用画意境表达纯毛泽东诗意的套章,而是一套含意深邃的表现政治路线斗争的套章。"据此,李先生给此套命名为《"毛主席万岁"意境套章》。同时,根据此套5枚像章正面图案,结合毛泽东诗词的相关诗句,分别认定了每枚像章的"政治"意境为:1.风景这边独好,寓意"哪个地方成立了'革命委员会',哪个地方的'风景'自然是'独好'";2.江山如此多娇,寓意"全国29个省、市自治区相继成立了'革命委员会','全国形势一片大好'";3.春风杨柳万千条,寓意"'全国山河一片红',中国有了'新的面貌',捷报频频传来";4.暮色苍茫看劲松,寓意"虽然从'走资派'手里把无产阶级的政权夺回来了……要提高警惕,防止'阶级敌人'的反扑,要像刚劲挺拔的青松一样泰然屹立";5.梅花欢喜漫天雪,寓意"梅花代表'无产阶级革命派',只有'无产阶级革命派'才喜欢迎着阶级斗争的暴风雪前进。"

通观上述三位先生对该套章不同的解释,表面看来大同小异,实则小同大异。所谓小同,即从表面看,三位均认为此五枚像章为套章,且均或多或少地与毛泽东有关诗词相联系;所谓大异,即从深入看,三位先生虽然都认为此五枚像章为套章,但对此套像章的主题认定、像章内容的理解与像章之间前后顺序的排列、像章深层含义等方面,出现了多种多样的解释,产生了一定的差异,使这套看似平常的套章,成了一套多解、不平常的像章。现就上述三位对此套像章的不同破解,出现的主要差异,谈点个人想法,与藏友共商。

王金平先生为此套像章确定的主题是《毛主席万岁铝质套章》;周祖赞先生为此套像章确定的主题是《毛主席诗词绘画套章》;李孙添先生为此套像章确定的主题是《"毛主席万岁"意境套章》,试比较,不难看出,三者对此套像章主题认定的差异。

王先生简单地将此套像章的主题与材质并列,称此套像章的主题是《毛主席万岁的铝质套章》，这既没有准确表达此套像章的主题，又易于与其他铝质《毛主席万岁套章》相混淆。

周先生为此套像章确定的所谓《毛主席诗词绘画套章》主题，不是此套像章的主题，只是此套像章的内容。

李先生认定此套像章的主题为"毛主席万岁"，是准确的。但在辅助标明像章相关内容时，将"意境"作为像章的内容，欠准确，直接影响此套像章整体主题标注的准确性。

通过对此套五枚像章正反图文内容的分析，我认为此套像章属"颂词"类套章，其主题即为每枚像章背后的颂词铭文"毛主席万岁"。为反映这一主题，此套像章正面选用了再现毛泽东五首诗词不同内容的绘画图案。据此，为突出此套像章的主题"毛主席万岁"，又避免与其他相同主题套章的混淆，在其主题之后，应辅以此套像章的相关内容——"诗画"，此套像章的完整主题应标明为"毛主席万岁——诗画"套章。

毛泽东像章套章有许多特点，其中之一是，每套像章都只能根据像章内容确定一个特定排序标识。按此标识排定此套像章的前后顺序，其排序具有关联性、连续性、不能前后颠倒的特点。

在《毛主席像章套章收藏图鉴》一书中，王金平（以下简称"王"）先生对此套5枚像章确定了两个排序标识，一个是以"毛主席诗词"写作时间先后为据，排定了前四枚像章顺序，即：1.百舸争流（见"王—1"），出自1925年的《沁园春·长沙》一词；2.春风杨柳（见"王—2"），出自1958年7月1日的《七律二首·送瘟神》一诗；3.无限风光（见"王—3"），出自1961年9月9日的《七绝·为李进同志题所摄庐山仙人洞照》一诗；4.梅花欢喜（见"王—4"）出自1962年12月26日的《七律·冬云》一诗；第五枚以"颂词"为据排序，5.万寿无疆（见"王—5"）。这样，就失去了套章像章之间的关联性、连续性的特点。

周祖赞（以下简称"周"）先生在《中国徽章——毛泽东像章套章珍藏集》对此套5枚像章这样排序，即：1.梅花欢喜漫天雪（见"周—

1"），出自1962年12月26日的《七律·冬云》一诗；2.春风杨柳万千条（见"周—2"），出自1958年7月1日的《七律二首·送瘟神》一诗；3.秦皇岛外打渔船（见"周—3"），出自1954年夏的《浪淘沙·北戴河》一诗；4.一山飞峙大江边（见"周—4"），出自1959年7月1日的《七律·登庐山》一诗；5.无限风光在险峰（见"周—5"），出自1961年9月9日的《七绝·为李进同志题所摄庐山仙人洞照》一诗。如果说，周先生认定五枚像章上绘画图案，用以表现毛泽东的五首诗词的内容是准确的，则其套章像章排序让人不解。因为在通常情况下，套章选用毛泽东诗词为排序标识时，多数是以诗词写作时间先后为据排序，以周先生认定对应的五首诗词写作时间先后为据，排序应为：1.秦皇岛外打渔船；2.春风杨柳万千条；3.一山飞峙大江边；4.无限风光在险峰；5.梅花欢喜漫天雪。

在《浅析一套寓意深邃的像章——"毛主席万岁"意境套意》一文中，李孙添（以下简称"李"）先生对此套5枚像章的排序，名义上是以像章绘画图案的内容（意境）为排序标识，实际是按毛泽东诗词写作时间先后为据，将五枚像章排序为：1.风景这边独好（见"李—1"），出自1934年夏的《清平乐·会昌》一词，寓意各省"革命委员会"成立；2.江山如此多娇（见"李—2"），出自1936年2月的《沁园春·雪》一词，寓意"全国山河一片红"；3.春风杨柳万千条（见"李—3"），出自1958年7月1日的《七律二首·送瘟神》一诗，寓意"胜利捷报频传"；4.暮色苍茫看劲松（见"李—4"），出自1961年9月9日的《七绝·为李进同志题所摄庐山仙人洞照》一诗，寓意"不忘阶级斗争新动向"；5.梅花欢喜漫天雪（见"李—5"），出自1962年12月26日的《七律·冬云》一诗，寓意迎着阶级斗争的暴风雪前进。李先生对此套像章按像章绘画图案，与对应的毛泽东诗词写作时间先后为标识排序，笔者是赞成的，但对以像章绘画图案的内容（意境）为排序标识，不敢苟同。其原因在于：其一，此套像章上的绘画图案的内容，是否寓意"文革"的某段历史，现在没有根据；其二，假定此套像章上的绘画图案内容，与"文革"某段历史有关,按李先生在文中所指的一段"文革"史看,前两枚像章还有一定的关联性与连续性,而前两枚像章与后三枚像章及后三枚像章之间,并没有必然联系。因此,整套像章按像章上绘画寓意(意境)排序,根据不足,十分牵强,缺乏说服力。

笔者认为,此5枚像章,从各像章上的绘画图案看,不同的收藏者会有不同理解,使此套像章之间的排序也会不尽相同(见图144—148下方王、周、李、刘四人的理解就完全不相同)。这正是此套像章的绝妙之处,它既给不同的收藏研究者留下了广阔的想象空间,又不会影响此五枚像章是一完整套章。但是,要深刻理解此套像章的价值,不能用像章上的画面,简单地套用毛泽东诗词就完事,既必须做到像章上的画面与毛泽东诗词内容紧密结合,又必须做到通过像章画面和诗词内容,充分展示、理解和认识此套像章的深层含义。这样,才能全面理解此套像章真正价值所在。据此,笔者认为,此套像章的内容与排序为:1.问苍茫大地,谁主沉浮(见"刘—1"),出自1925年《沁园春·长沙》一词;2.江山如此多娇(见"刘—2"),出自1936年2月《沁园春·雪》一词;3.春风杨柳万千条(见"刘—3"),出自1958年7月1日《七律二首·送瘟神》一诗;4.暮色苍茫看劲松(见"刘—4"),出自1961年9月9日《七绝·为李进同志题所摄庐山仙人洞照》一诗;5.梅花欢喜漫天雪(见"刘—5"),出自1962年12月29日《七律·冬云》一诗。

关于此套像章的深层含义,李孙添先生谈得最为详细:"'文革'时期制作的毛泽东诗词像章,大部分是采用景物配诗词的艺术手法体现政治路线斗争的……图中的套章设计,不能理解为一套用画意境表达纯毛泽东诗意的套章,而是一套含意深邃的表现政治路线斗争的套章。"据此,李先生按此套五枚像章,与对应毛泽东诗词写作时间的先后,对此套像章排序后,推断此套五枚像章内容的深层含义,与"文革"一段夺权历史有关。同时,对此套像章的综合价值评价为:此"套章具有很高的艺术价值、历史价值和经济价值。该套章实在是一套难得的好套章。"李孙添先生没有只停留在对像章画面的简单理解上,对此套像章内容的深层含义进行了大胆的探索,其勇于探索的精神,是值得赞赏的。但其对内容的理解及对深层含义的破解,与像章主题是否相符,与像章反映的史实是否相吻合,对此套章综合价值的评价是否准确却值得研究。下面我谈点不成熟的看法,供李先生参考。

李先生认为"'文革'时期制作的毛泽东诗词像章,大部分是采用景物配诗句的艺术手法体现政治路线斗争的"说法,是不准确的。笔者认为,"文革"时期制作的《毛泽东诗词》像章主要是记录、反映"文革"前,我党、我军、我国革命建设的一段或一件重要史实;记录、反映毛泽东同志对这些重要史实的想法和看法,以及在这些重要史实中的奋斗轨迹。即使有个别像章上选用的毛泽东诗词或毛泽东诗词断句,有记录、反映路线斗争的内容,但也与"文革"史实无关。另外李先生认为此"套章设计,不能理解为一套用画意境表达纯毛泽东诗意的套章,而是一套含意深邃的表现政治路线斗争的套章"。这不仅与本套章歌颂毛主席、体现"毛主席万岁"的主题不符,脱离了此套像章绘画与毛泽东诗词相联系的内容。李先生只有围绕此套像章的主题"毛主席万岁",以像章上绘画与对应的毛泽东诗词为内容,破解此套章的深层含义,才能论证此套像章具有的历史价值。

综上所述,《毛主席万岁——诗画》套章,是一套多解的套章。尽管不同的收藏研究者,对此套像章会有不同的理解,但此套像章的主题是"毛主席万岁",是以绘画形式,与对应的毛泽东诗词为内容,歌颂毛泽东同志在不同年代的革命理想与奋斗轨迹的套章;是一套具有较高历史价值、艺术价值和收藏研究价值的好套章。要真正理解此套像章的价值,必须正确认识此套像章的主题、内容与深层含义,并使此套像章的主题、内容与深层含义三者保持一致。否则,难以正确理解此套像章的真正价值。

五、市场拍场竞像章

改革开放以来,收藏活动全面复苏,昔日不被重视的像章,今日遍布全国大小收藏品市场,交流交易活跃,随其身价扶摇直上,像章与其他传统艺术品一起,频频亮相拍场,成为许多藏家选购精、罕、珍品像章的重要渠道之一。

1994年,武汉某拍卖公司申请拍卖一尊毛泽东塑像,以拍卖领袖像不严肃为由而受阻。此后几年拍卖像章成为无人敢于涉足的"禁区",直到1998年北京东方国际拍卖有限责任公司,首次举办像章拍卖会,才打破这一禁区。尽管此次拍卖会存有一些不足,但敢于吃螃蟹的精神,值得称赞;它所积累的经验教训值得借鉴。为此笔者写下《首次毛泽东像章拍卖纪实》、《毛像章拍卖后的思索》两文,以作留存。

首次毛泽东像章拍卖纪实

当东方国际拍卖有限责任公司发出"1998年12月27日,在北京德宝饭店联合举办纪念毛泽东诞辰105周年,'拍卖成套的或稀有的毛泽东纪念章,25—26日展示拍品'"的公告后(见图149),即引起广大毛泽东像章爱好者的关注。人们不会忘记,1994年武汉某拍卖公司申请拍卖一尊毛泽东塑像,却被某主管部门以"为商业目的拍卖领袖

图149

塑像，极不严肃"为由而受阻，至今已整整四年了。四年来，拍卖毛泽东像章几乎成了"禁区"。今日，终于有人突破"禁区"，公开拍卖毛泽东像章，仅此一点，令人称道。

12月25日，我参观展示拍品。走进展示厅，参阅"全国首次毛泽东像章精品拍卖"宣传资料后方知，本次拍卖的1051枚毛泽东像章"精品"由重庆毛泽东像章城提供，经重庆正达会计事务所作资产评估，价值为人民币45万元。看到如此高的评估值，令人吃惊！当我走到展示拍品前，对照拍卖目录，仔细观察每一镜框内的毛泽东像章，既不见拍卖公告承诺的成套的或稀有的毛泽东纪念章，也不见拍卖宣传资料讲的像章精品。相反，展示的待拍像章，绝大部分是普通单枚像章，一小部分是不成套的普通像章，能列入世人公认的精品像章未见一枚。一位资深的像章收藏者直言不讳地说，近年来由于人们对精、珍、罕品毛泽东像章的价值有了新的认识，因此价格增长较快，但这只是像章中的极小的一部分，对绝大多数普通毛泽东像章而言，多年来其价格变化不大。从长远看，毛泽东像章必将走向拍卖，但唱主角的必定是真正的精、珍、罕品，而普通毛泽东像章却是其他文化市场的大众收藏品。他预测：此次像章拍卖结果不容乐观！

12月27日下午2时，像章拍卖正式开始。

拍卖师上台后首先声明，所有装拍卖像章的镜框均是"文革"时代产品。现已有人要以每个镜框500元的价格收购全部镜框,被我们拒绝了。拍卖师的这一声明,把台下的许多人搞糊涂了,此次拍卖的是像章还是镜框? 令人费解。

接着,拍卖师又介绍说,此次拍卖的每一镜框中均有几组分别由数十枚"文革"精品像章组成的不同图案。按框拍卖,这在拍卖界还是第一次。在一次拍卖中拍得如此众多"文革"像章,实属难得。欢迎大家踊跃竞拍。在拍卖师颇有诱导意味的开场白之后,拍卖正式开始。

拍卖师唱道:"第一项拍品:311号拍品;名称:中国;尺寸:110厘米×65厘米,此框内由52枚精品像章组成,其中44枚是有机玻璃像章,另有80多枚未计价,评估价6024元,起拍价100元(即无底价),有举牌的吗?"经一阵沉默后,拍卖师又不厌其烦地多次诱导,果有应拍者。经三位举牌者五次递增叫价,一号拍品被手举516号牌的中年妇女以低于评估价5674元的350元拍得。这一不理想的开局,令人无奈,但却是预料之中。此后的每项拍品,拍卖师均运用多种技巧,期待拍卖出现颇颇举牌的高潮、成交踊跃的场面,其结果却让主办者大失所望。在接下来的第三号拍品至第十八号拍品,除第十八号拍品系是一直径为93厘米的毛泽东挂像以1100元成交外,其他拍品均在200元—800元内成交。全部18项拍品总成交价为8150元,是总评估价45万的五十五分之一。这一结果说明:毛泽东像章是有价值的,但并不像有些人想象的凡是毛泽东像章均值大价钱! 正如拍卖师开场声明所言,如真有人愿以500元收购一个镜框的话,那在18项拍品中有13项拍品在500元之内成交,这就等于有13个镜框中的像章白送人不算,连500元的镜框钱也没有卖出去,这真是损军折将的赔本拍卖!

此外,值得注意的是,在全部拍卖的18项拍品中,有16项拍品均被手举516号牌的一中年妇女所拍得,不知是巧合,还是有意安排? 与会者议论纷纷!

综观全国首次像章拍卖,虽不甚理想,却令人思索多多,但只要认真总结,成功拍卖毛泽东像章的一天总会到来。

毛像章拍卖后的思索

众所周知,当毛泽东走下神坛后,收藏毛泽东文化艺术品成为藏界新热点,且收藏范围不断扩大、品种日益增多;随着商品经济的发展,拍卖毛泽东文化艺术品的条件逐渐成熟,特别是近年来成功地举办了"主席用瓷"、"毛泽东肖像绘画"等拍卖,为其他毛泽东文化艺术品的拍卖开了好头,树立了榜样。毛泽东像章作为毛泽东文化艺术品的重要组成部分,近十多年来收藏的人数与日俱增;在近年经济大环境不景气的情况下,北京、上海、广东、河南等地像章的成交量、成交额,仍呈上升态势。而一些珍、罕、精品像章其价格稳步攀升,且有供不应求之势。因此,毛泽东像章走进拍卖市场,已是大势所趋,毋庸置疑。但是,毛泽东像章数量之大,以"亿"计算,品种之多,以"万"计数。而对如此庞大的毛泽东像章群体,哪些毛泽东像章能够进入拍卖市场,如何进入拍卖市场,何时进入拍卖市场等一系列问题,令人深思! 我们赞扬东方国际拍卖有限公司不久前在京举办的全国首次毛泽东像章拍卖会,不仅赞扬他们那种敢于吃螃蟹的精神,更赞扬他们的拍卖实践给了我们一次极好的学习机会。只可惜,我对拍卖这一行知之甚少,不可能对此次拍卖的成败作出深刻的理论剖析,下面仅就拍卖中的具体问题,谈谈我的一孔之见,并欢迎指教!

其一,此次像章拍卖,其待拍像章未经专业鉴定师鉴定,将众多普通像章,以"精品像章"予以拍卖;

其二,按拍卖的有关规定,拍品不仅需专业鉴定师鉴定,同时需要专业评估师评估。而此次像章拍卖,请会计师事务所作资产评估,显然欠妥。拍卖像章不是拍卖破产企业,其评估应由了解像章市场行情的业内人士评估。此次像章评估值远远背离市场价;

其三，拍卖公司既缺乏像章知识及对像章市场行情的了解，又没有自己的专业鉴定师、评估师把关，过分相信委托方提供的评估报告，暴露了拍卖公司缺乏规范的操作程序和驾驭像章拍卖的能力；

其四，此次拍卖的像章，只展示、介绍了像章正面的图案与文字，而忽略其背面的图案与文字。像章一般有正反两面，正面图案与文字相同的像章，因其背面图案与文字的不同，其价值往往相差甚远。因此，此次拍品与展示，只介绍像章正面的图案与文字，既令人怀疑评估价的准确性，又影响竞拍者对拍品的全面了解；

其五，此次像章拍卖将不同主题、不同专题、不同系列的像章混合起来，像小孩拼积木一样，在镜框上摆出中国地图等，并以此估价拍卖，以图定名，使人不解拍卖的是像章还是拼图。岂不知，不同类型、不同品种的像章，价值各不相同；加之，不同的收藏者，所需像章不尽相同。因此，像章不宜混合拼盘拍卖，以避甩卖、搭配之嫌；

其六，夸大其词的拍卖公告、拍卖宣传资料以及多处出现错误的拍卖说明，影响竞拍者对拍卖公司的信任度，并易产生逆反心理；

其七，拍卖活动说穿了是买卖交易。吸引大量有实力的买家到会竞拍，是拍卖取得成功的极为重要的条件，而此次拍卖活动恰恰没有做到此点。

常言道，失败乃成功之母，只要认真总结，像章拍卖成功之日就不会太远了。

2000年10月,北京东方国际拍卖公司,举办了像章及毛泽东文化艺术收藏品拍卖会。此次拍卖会的最大特点是,首次尝试将像章拍卖扩大到毛泽东文化收藏品范围,推动了以像章为主的"毛文化"收藏活动向更广阔的领域发展。如下《像章拍卖　槌响京城——毛泽东文化收藏品拍卖会纪实》、《像章拍卖得失谈》两文,是对此次拍卖会的真实记录与体会。

像章拍卖　槌响京城

——毛泽东文化收藏品拍卖会纪实

图 150-151

全国首次大型毛泽东像章及毛泽东文化艺术收藏品专场拍卖会,由东方国际拍卖公司于10月3日下午2点30分在北京报国寺开拍。这次拍卖是中国收藏家协会徽章专业委员会主办的第三届全国毛泽东像章展评活动之一。

此次拍卖会规模大,100项参拍品分别选自北京、上海、广州、河南、湖北、安徽、河北、江苏、四川、内蒙古、辽宁、黑龙江等全国12个省、市、自治区,来自全国22个省、市、自治区及香港特别行政区的300多位毛泽东像章爱好者、经营者参与了竞拍，其中不乏全国知名的毛泽东像章收藏家。参拍品、竞拍者之多、之广，堪称全国首次。

图 152

　　此次参拍的100项拍品中，有毛泽东像章55项。其中包括全国十佳套章中的第一佳套，即原装盒《毛泽东诗词（37首）》34枚套章（见图150——151）（俗称"大诗词"）1套、"上海大红旗革命史"套章2套、"三机部正脸'革命史'套章"2套、"三机部侧脸'革命史'套章"1套；全国十大单枚名章中的"上海180"（即上海18厘米里程碑大章，见图152）2枚以及建国初期制作的金质毛泽东与斯大林、毛泽东与朱德等双人像章等。其拍品档次之高，堪称全国之首。另外，还有29项毛泽东文化艺术品及16项徽章参与拍卖，其中高1.2米、重达300公斤的不锈钢毛泽东全身立像、银质"八年抗战胜利纪念章"、24K金列宁勋章等均属罕见的收藏精品。此次拍卖会，在近两个小时的激烈竞拍中，成交31项，成交率31%，成交额超过10万元人民币。其中原装盒《毛泽东诗词》大套章以9次竞拍，终以3.3万元成交，是本次拍卖会的最高成交价，并创下迄今为止全国毛泽东像章拍卖的最高成交价。而此次拍卖会竞拍最为激烈的当属"竹制毛泽东肖像、语录笔筒"，此筒从无底价起拍，经20轮竞拍，终以1600元成交，成为本次拍卖会的亮点之一。

　　从此次拍卖的成功可以看出，未来10年，毛泽东像章及毛泽东文化艺术品有可能成为人们的热门收藏门类。

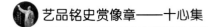
此次拍卖会部分拍品的成交情况如下

名　称	数量	参考价（元）	成交价（元）	备　注
内蒙古军区"样板戏"套章	10枚/套	500	600	
毛泽东诗词手迹镀金纪念册	1册	无底价	800	无底价即100元起拍
15航校套章	15枚/套	800	800	
中"红旗"套章	6枚/套	1500	1700	
毛泽东肖像、语录竹制笔筒	1只	无底价	1600	经20轮竞拍后成交，为此次亮点
上海"大红旗"套章	10枚/套	600	600	其中2枚漆崩裂
"军"字套章	8枚/套	1800	1800	即背面铭文"军"
南京军区"四好连队"系列章（花边）	3枚	1200	1200	
山东省革委会制瓷质原装盒套章	1盒	2000	2000	
海军政治部小型套章	12枚/套	2800	2800	简称"小海政"
大型芒果花边挂像	1枚	4800	4800	直径71厘米
手工绣毛主席像	1幅	500	500	
银质毛泽东、朱德像章	1枚	2000	2000	
三机部"毛泽东正、侧脸"套章	2套	8000	8000	每套15枚
696厂彩版革命史套章	13枚/套	4000	4000	
南海舰队"里程碑"套章	10枚/套	6000	6000	参考价过高
原装盒北京军区后勤部"里程碑"套章	12枚/套	3500	3500	此盒内像章为圆形
原装盒"毛主席（大）诗词"套章	34枚/套	25000	33000	目前全国像章拍卖最高成价
毛泽东为海军题词方板摆件	1枚	4000	4000	
云南书型彩版里程碑套章	6枚/套	10000	10000	参考价过高、自拍购回
原装盒"小海政"套章	10枚/套	3200	3400	

像章拍卖得失谈

　　国庆节期间,东方国际拍卖公司在北京报国寺举办了首次毛泽东像章及毛泽东文化艺术收藏品拍卖会。100项拍品(毛泽东像章55项、毛泽东文化艺术收藏品29项、徽章16项)成交31项,成交额达10万余元人民币。毛主席像章被拍卖,在国内并不多见,故此场拍卖吸引了众多人士的关注。尽管拍卖成绩不如其他类别的拍卖,但此场拍卖还是有些特点值得圈点。

　　其一,此次拍卖会的成功举行,得益于紧紧抓住了第三届全国毛泽东像章展评暨第二届全国徽章交流交换活动之机。来自全国各地的近千名毛泽东像章爱好者、经营者云集北京,他们成了此次拍卖会的主角,为拍卖成功奠定了基础。

　　其二,拍品征集面广,品位高,精品多。本次拍卖会的100项拍品,来自全国13个省、市、自治区,绝大多数为中高档毛泽东像章、毛泽东文化艺术品等。其中十佳套章之首《毛泽东诗词》34枚大套章、三机部"正侧脸"革命史双套章、上海"大红旗"革命史套章以及十大单枚章之一的"上海180"等均在拍卖之列,其拍品档次之高,可见一斑。

　　其三,参拍品整体价位适中,适合民间大众收藏的要求。在100项拍品中,100元至1000元的拍品占37%;1000元至3000元的占29%;3000元至5000元的占17%;5000元以下拍品占全部拍品的83%;5000元以上的拍品仅为17%。

　　其四,拍品底价越低,成交量越大;底价越高,成交量越小。在成交的31项拍品中,100元至1000元拍品成交率为48%;1000元至5000元成交率为39.5%;5000元以上成交率为12.5%。

　　其五,竞拍者多为行家里手,为拍卖成功创造了有利条件。在近300位参拍者中,79%以上为毛泽东像章收藏爱好者、经营者,他们基本熟悉像章的价值和市场价格,多数价位适中的拍品,均成交。

其六,毛泽东像章成交率较高,毛泽东文化艺术品及徽章成交率较低。55项毛泽东像章拍品,成交26项,成交率达49%;45项毛泽东文化收藏品和徽章,仅成交了5项,成交率为11%。这从一个侧面说明,毛泽东像章收藏已被越来越多的人认可,而毛泽东文化艺术品和徽章收藏还不够普及。

其七,具有时代特色、内涵丰富、底价适中的像章受人青睐。如"建党、建军、建国"套章、"三面红旗"套章、"老三篇"套章,毛主席视察"三大区"套章、"样板戏"套章等,均在高出底价100元至300元之间拍出。它说明越来越多的像章收藏者由偏爱外部艳丽的像章转向注重内涵丰富的像章,这也是像章收藏水平提高的一种表现。

其八,此次拍卖流标率偏高,为69%。究其原因,一方面在100项拍品中,非毛泽东像章拍品占45项,与以毛泽东像章收藏为主的竞拍者对不上口,出现错位。如6枚书型彩版里程碑套章,只是外型艳丽,内涵极一般,底价标1万元,几乎成了天价,必然无人问津。

总之,此次像章拍卖是像章走进拍卖市场的一次有益尝试,它对扩大像章的社会影响,促进像章交流和收藏将起到一定的促进作用。

回首20世纪60年代,《毛主席语录》在中国诞生,红遍神州,风靡世界;现如今,《毛主席语录》及其衍生出的语录艺术品,多为收藏热门藏品,《语录像章正走俏》一文,说的是热门藏品之一——语录像章的市场行情。

语录像章正走俏

从纯艺术角度看,毛泽东像章(以下简称"像章")是图、文结合的综合艺术品。在数万种像章中,铭文像章占其中的80%左右,其种类之多、内容之丰,与其他像章相比有过之而无不及。在铭文像章中,毛泽东像章(简称语录像章)是其中最多、最大的一类,因此,目前语录像章也是像章中最走俏的一类。

一、语录像章种类虽多,但同一语录的语录像章品种较少。按语录内容划分,语录像章约有200种左右,是所有铭文像章中种类最多的一种铭文像章,但同一语录的语录像章品种较少(个别除外),绝大多数同一语录像章均不超过10个品种,一般在5个品种左右,少数仅有1-2个品种。这就说,语录像章有一个鲜明的特点,即语录像章种类多、品种少。

二、语录像章看似平凡,实则内涵丰富,史料价值极高。语录像章绝大多数制作于"文革"初期,多用塑料、铁片等制作成语录牌像章,虽然在"文革"像章制作的高潮期,也用铝材制作了语录像章,但数量较少。这些语录像章内涵丰富,史料价值极高。这是因为,语录像章上的语录绝大多数是从毛泽东思想宝库中精选出来的,每一语录都有丰富的内涵,都记载着一段真实的历史或一个典型的事件,语录像章作为一种历史遗物,随着历史的推移,其价值将越来越高。

三、语录像章需求者多,可供量少,整体市价上升,珍罕语录像章市价高位陡增。随着专题像章热的兴起,几乎每位专题收藏者都要涉及语录像章,因此语录像章收藏者较从前有大幅度的增加。虽

图 153

图 154

图 155

说语录像章种类较多，但品种较少，多数语录像章可供量仍出现供不应求状况，因此，从总体看，语录像章市场价格较前几年有了明显提升。

过去，一枚语录像章均在3至5元之间，多者10元左右；一套10枚以内的塑料或铁皮语录套章，一般在20至30元之间，多者也就50元左右。现在，几元一枚的语录像章很少见了，一般开价就是10多元，稍微好一点少则30至50元，甚至上百元，5到10枚左右的塑料、铁皮语录套章均在百元以上，而瓷质语录像章一枚就要几十元，甚至上百元，瓷质套章均在几百元到上千元；而珍罕品种的语录像章不仅价位长期居高不下，并出现大幅增长的趋势。而一些极为罕见的珍品语录像章，市场价格长期稳居高位并不断上升，如香港制作的"强调团结与进步"语录手书像章（见图8），原价要100元左右，现在要200元左右；"努力前进、打日本、救中国"语录手书像章（见图153），原价30元左右，现市场价150元左右；"发展创造力，任何困难可以克服，通讯材料的自制，就是证明"手书题词像章（见图154），原价50元左右，现市场价在百元左右；"共产主义是不可抗御的"语录手书像章（见图155），原价80—100元左右，现市场价约150—200元左右等等。

总之，语录像章整体走俏，语录内容丰富、内涵深刻、制作精良、数量较少的语录像章更走俏。

六、像章概念论短长

概念,是一切科学门类的基础,而科学,是由一系列科学概念组成的。同样,像章收藏作为新的科学收藏门类,必须首先确立像章概念及相关的一系列科学概念,必须重视以像章概念为基础的像章理论建设。《毛泽东像章概念的内涵、外延与其他》、《走出像章误区规范像章概念》、《从概念说起——关于专题像章收藏》等文,都是从像章最基本概念说起的。

毛泽东像章概念的内涵、外延与其他

一、规范毛泽东像章概念的必要性

什么是毛泽东像章?对中国人提出这样简单的概念问题,似乎是可笑的。然而,事实告诉我们,正是在中国,由于对毛泽东像章概念认识不清,历史上曾出现过两次大误区。人民群众出于对领袖的热爱,佩戴毛泽东像章本是正常的现象。然而在"文革"时期,是否佩戴毛泽东像章,是区分革命与不革命、甚至是反革命的重要标志之一。因此,在1966—1969年的中国,出现了毛泽东像章"佩戴热"与"制作热",毛泽东像章越做越多、越做越大,已不属毛泽东像章范畴,也令人无法佩戴,使毛泽东像章热陷入了第一个误区。直到1969年下半年,毛泽东亲自提出了"还我飞机"的批评,此后中共中央下发专门文件，长达近3年的毛泽东像章"佩戴、制作热"才渐渐地冷了下来。

但是，人民对领袖的热爱一往情深，虽经数次收交、销毁毛泽东像章，终因制作数量过大，至今散落在民间的毛泽东像章，仍有数十亿枚，为毛泽东像章收藏开辟了广阔的领域。但因人们没有从"文革"时期毛泽东像章热的误区中走出来，真正认清什么是毛泽东像章，故在上世纪80年代末兴起的毛泽东像章收藏热，发展到毛泽东百年诞辰的1993年前后已经达到了高潮的同时，毛泽东像章收藏热也进入了第二个误区，即"文革"中出现过毛泽东像章越做越多、越做越大的现象，以一种新形式误导着毛泽东像章的收藏，即在全国刮起了比毛泽东像章多少、比毛泽东像章大小的浮夸之风。今天，你说收藏了1万枚；明天，我就说收藏了2万；后天，他就说收藏了5万、10万，为了凑数量，不惜用非属毛泽东像章范畴的毛泽东纪念章、纪念品为其充数。今天，你说收藏有20厘米大章；明天，我就说收藏有50厘米的最大章；后天，他就说收藏有一米、二米的像章之最，有的甚至用立体毛泽东塑像、毛泽东平面大挂像与毛泽东像章比大小。一时间，毛泽东像章收藏、交流与研究出现了混乱。近年来，毛泽东像章收藏比数量多少、比大小的浮夸之风，已明显减少，许多人走上了按专题求质量的收藏之路。这是毛泽东像章收藏开始走向成熟的标志。但历史上两大误区的影响并未得到彻底澄清，突出的表现是，在毛泽东像章收藏者中普遍存在着"重实物收藏、轻理论研究"的现象，故有些收藏者，对什么是毛泽东像章这样最基本的概念仍认识不清，盲目收藏。甚至有些专门介绍毛泽东像章的文章或专著中，时有曲解毛泽东像章概念的现象出现。

由上述可知，为推动毛泽东像章收藏的发展，必须清除历史上两大误区的影响，科学规范毛泽东像章的基本概念，还其毛泽东像章的本来面目。只有这样，才能提升我国毛泽东像章收藏的整体水平，促进毛泽东像章收藏的广泛交流，保证毛泽东像章收藏研究的健康发展。

二、毛泽东像章概念的内涵与外延

概念是人类思维的基本形式之一，它客观反映事物一般的、本质的特征。这就是说，人们从所研究对象的众多属性中，剔除非本质属性，保留本质属性，并加以概括后才上升为概念。毛泽东像章概念的形成也不例外。人们对不同时期、不同材质、不同规格、不同式样、不同图案、不同文字等大量毛泽东像章的比较、分析中，将其共同点抽出来，加以概括就可得出毛泽东像章的概念。具体而言：

毛泽东像章概念是有毛泽东肖像，有固定物并适于人体佩戴的标志。在我国古代即有记载。《战国策·齐一》录："秦假道韩、魏以攻齐，齐威王使章子将而应之……章子变其徽章以杂秦军"。可见当时的徽章是指旌旗。后徽章逐渐发展为指人身佩戴的章。

章是指佩戴人身上用以表示身份、职业、纪念等的标志。按不同分类标准，可分为不同的章。如按佩戴方式分类，可分为"胸章、领章、肩章、臂章(袖章)、帽徽等。按功能分类，可分为：证章、奖章、纪念章等。而每一种章，还可以细分，如纪念章还可进一步分为旅游纪念章、体育纪念章、民俗纪念章、人物纪念章、事件纪念章等。但不管如何分类，凡属"章"的范畴，均有以下两个共同的内容，其一有别针之类的固定物；其二适于人身佩戴的标志。毛泽东像章具有上述的两个内容，属"章"的范畴，是"章"的一种。

(一)毛泽东像章概念的内涵

每一概念都有内涵与外延之说。概念的内涵是指概念所反映事物本质属性的总和。简言之，概念的内涵即是概念的内容。毛泽东像章是"章"的一种。因此，毛泽东像章除具有"章"的内涵外，还有其独具的内涵。概括起来，毛泽东像章概念的内涵具有以下三方面的内容：

第一，有毛泽东肖像，这是毛泽东像章质的规定性之一。毛泽东像章必须有毛泽东肖像，无毛泽东肖像的"章"，不能称为毛泽东像章，这是毛泽东像章区别于其他任何"章"的唯一重要标志，也是毛泽东像章独具的内容。但是，不同的毛泽东像章，为表达不同的主

图 156

图 157

题,可选用不同的毛泽东肖像。据不完全统计,像章上的毛泽东头像、半身像、全身像多达数百种。在少数毛泽东像章上同时有毛泽东本人的2个、3个或5个不同肖像等,这种毛泽东像章,通称为"双头像章"、"三头像章"或"五头像章"(见图156)。还有少数毛泽东像章上,同时有两人(如毛泽东与列宁、毛泽东与斯大林、毛泽东与朱德、毛泽东与金日成、毛泽东与鲁迅、毛泽东与林彪等)、三人(如马克思、列宁和毛泽东,毛泽东、周恩来和林彪等)、五人(如马克思、恩格斯、列宁、斯大林和毛泽东),这种毛泽东像章,通常被简称为"双人像章"、"三人像章"或"五人像章"(见图157)。上述毛泽东像章,尽管选用的肖像不同,但每枚像章上均有毛泽东肖像,故都属毛泽东像章范畴。

第二,有别针之类的固定物,这是毛泽东像章具有"徽章"本质特征相同的内容之一。毛泽东像章必须有适于佩戴人身上的固定物。而不同的固定物决定了不同的佩戴方式,如多数毛泽东像章背后有别针,简称为别戴式像章;有的毛泽东像章背后有一插针,简称为安插式像章;有的毛泽东像章背后为一纽扣,简称为纽扣式像章;有的毛泽东像章系一绶带,简称为持带式像章等。

第三,适于人身佩戴的标志,这是毛泽东像章具有"徽章"本质特征的另一个重要内容。毛泽东像章的大小、轻重不是毛泽东像章概念的内容,但与其大小、轻重有密切联系。毛泽东像章概念与其他事物的概念一样,除有质的规定性外,还有量的规定性。这就是说,毛泽东像章虽无大小、轻重的绝对标准,但它是佩戴在人身上的标志,人的身体及人的负重能力,即是毛泽东像章大小及重量的相对标准,超大、超小(无法安装固定物)或是超重的,即使有毛泽东肖像、有固定物的标志,也不能称其为毛泽东像章,而另当别论。毛泽东像章最小一般以利于装固定物、并能佩戴在人身上为准;毛泽东像章的最大以佩戴在人身上不影响人的正常活动为准;毛泽东像章的重量以长时间佩戴在人身上无负重感觉为宜。而某报刊介绍某先生收藏的 120 厘、重 19 公斤的摆像;及另一先生收藏的直径400厘米及直径51.2厘米、重10.75公斤的挂像,均因其超大超重,不适于人身佩戴,而不能称其为毛泽东像章。

由上述可知,毛泽东像章概念的内涵,同时包括有毛泽东肖像、有固定物及适于人身佩戴的标志等三个内容,缺一不可。与此同时,三个内容又具有质量度的统一性,不能分割。

(二)毛泽东像章概念的外延

概念的外延是指适用于某一概念的一切对象,即概念所指对象的范围。毛泽东像章的外延,指具有毛泽东像章内涵的所有毛泽东像章。就概念的范围而言,有狭义概念与广义概念之分:狭义概念即指概念外延的一部分,如:早期像章、瓷质像章、"毛泽东手书"专题像章等;广义概念是相对狭义概念而言的,即指概念外延的全部,即包括不同时期(建国前、建国初、"文革"时期及现在)、用不同材质(金、银、铜、铝、瓷、竹、塑料等)制作不同内容、不同形状、不同图案、不同文字、不同规格的所有毛泽东像章。

在现实毛泽东像章收藏中,毛泽东像章狭义概念得到了广泛的应用。这是因为,毛泽东像章诞生至今已有半个多世纪了,制作数量多达数十亿枚,数万个品种。因此,从收藏角度而言,每个人均因精力、能力、财力、物力有限,不可能按毛泽东像章的广义概念去收藏全部毛泽东像章,只能按照毛泽东像章的狭义概念,根据每个人的精力、能力、财力、物力与爱好,收藏部分毛泽东像章。这就是为什么有越来越多的人抛弃求数量、不求质量的盲目收藏毛泽东像章,走上以专题为主的多元化毛泽东像章收藏之路的原因。

三、毛泽东立体像、平面像、挂摆像及"币式纪念品"

值得指出的是,无论是狭义或广义概念的毛泽东像章,均是有一定范围的,超过此范围均不能称为毛泽东像章。历史上出现过毛泽东像章的两大误区,带给今天收藏的最大影响,即是扩大毛泽东像章概念的外延,误将非属毛泽东像章的毛泽东立体像、平面像、挂摆像及有毛泽东肖像的"币式纪念品"等,当作毛泽东像章来宣传、收藏。上述现象若得不到彻底纠正,必将严重影响毛泽东像章收藏、交流与研究的健康发展。为此,现对毛泽东立体像、平面像、挂摆像及"币式纪念品"等简介如下,供广大收藏者与毛泽东像章比较、鉴别。

(一)毛泽东立体像、平面像、挂摆像

像,指比照人物制成的形象。按不同的分类标准,可分为不同的像。

1.毛泽东立体像

毛泽东立体像是按几何图形作为分类标准的一类像,即对毛泽东形象用雕刻、铸造、塑造等方法制作而成的立体毛泽东肖像的总称。有人将上述用不同方法制作的毛泽

图 158

东立体像,统称为"毛泽东塑像"是片面的、不准确的。准确的简称为:毛泽东立体像或毛泽东雕铸塑像。按不同制作方法,可分别称为:

毛泽东雕刻像——即指在可雕刻材料(如金属、木、竹、石等)上,用雕刻方法制作各种实在体积的毛泽东形象(见图158)。

毛泽东塑像——即指用可塑造的石膏或黏土等塑成各种实在体积的毛泽东形象。

2.毛泽东平面像

毛泽东平面像是相对毛泽东立体像而言的。它是按几何图形作为分类标准的另一类像,即对毛泽东形象采用手绘、印刷、机织、刺绣、浇制等方法制作而成的毛泽东平面肖像的总称。常见的几种毛泽东平面像,按不同的制作方法,分别称为:

毛泽东画像——即指在绘画材料(纸、布、木等)上,由人手绘于其上的毛泽东平面肖像。

毛泽东印像——即指用印刷的方法,在纸、布、木、塑料或铁皮上印上的毛泽东平面肖像。

毛泽东机织像——即指以丝(或棉)线为原料,用机器或手工织成的毛泽东平面肖像。

毛泽东刺绣像——即指用丝线等为原料,用刺绣方法制成的毛泽东平面肖像。

毛泽东搪瓷像——即指以薄铁为材料的搪瓷板上,将纸或

图 159

薄膜上的毛泽东平面肖像贴在搪瓷板上,经干燥和釉烧而成的毛泽东肖像(见图159)。

3.毛泽东挂摆像

图 160

毛泽东挂摆像是指以悬挂与摆放两种不同方式展放毛泽东像的总称。按展放形式，分别称为：

毛泽东挂像——即指悬挂于墙上或其他物品上的毛泽东平面像（见图160）。毛泽东立体像一般不宜悬挂，所以毛泽东挂像均为平面挂像。

毛泽东摆像——即指摆放在桌、台、橱等之上的毛泽东像（见图161）。毛泽东立体像均为摆像，而部分有支撑物的毛泽东平面像也称摆像。这就是说，毛泽东摆像既有立体像，也有平面像。

图 161

（二）有毛泽东肖像的"币式纪念品"

在纪念毛泽东诞辰100周年前后，上海、浙江、韶山等地生产了一批似"章"非章、似"币"非币、有毛泽东肖像的币式纪念品（见图162正反面）。称它为"币式纪念品"，是其外形、材质均与我国流通的金属纪念币相似，但却是纪念品。这种"币式纪念品"，因无固定物，不能在人身上佩戴，故不属于章的范畴，不能称为毛泽东像章。同时，因它不是国家依法发行的有面值的货币，故也不属"币"的范畴，也不能称毛泽东纪念币。尽管"币式纪念品"，有些值得收藏，也有一定价值，但不宜为获其利，乘毛泽东像章和流通纪念币收藏热之机，打着毛泽东纪念章或毛泽东纪念币的招牌，广为倾销。令人

图162 正反面

难以理解的是，一些毛泽东像章专著或文章，将这些"币式纪念品"，作为毛泽东像章收录书或文中，谬误流传，误人子弟，实不应该。

综上所述，无论从历史上还是从现实看，正确认识毛泽东像章，不仅仅是个简单的理论概念问题。对个人而言，它决定着一个人的毛泽东像章收藏数量、质量及方向。对毛泽东像章收藏界而言，它对整体收藏水平、广泛的交流及深入的理论研究，都有着深远的影响。

走出像章误区——规范像章概念

"文革"中,一度出现过制作、佩戴毛泽东像章的热潮,毛泽东像章越做越大,越做越多而陷入第一个误区。对此,周总理曾提出批评,毛泽东发出"还我飞机"的指示。此后这一热潮渐冷了下来。

80年代末兴起了毛泽东像章收藏热。与此同时,"文革"中出现的毛泽东像章越做越大、越做越多的现象,变相地误导着毛泽东像章的收藏,故一度在全国刮起了比收藏像章大小、多少的浮夸之风,使毛泽东像章收藏进入了第二个误区。

究其两个误区的根源,均与对什么是毛泽东像章这一基本概念缺乏理智、科学的认识,有着直接的关系。

近年来,随着毛泽东像章收藏与研究的发展,按专题、求质务实收藏的多了,比大小、多少的现象少了。但是,藏界普遍存在的"重收藏、轻研究"的倾向,仍十分突出。故少数收藏者仍有混淆毛泽东像章概念的现象发生。甚至有些报刊也时有曲解毛泽东像章概念的宣传报道。如前不久,某杂志以《硕大像章再领风骚》为题,将一面直径1.64米、重68公斤、用5个8毫米螺钉悬挂在墙上的毛泽东挂像,误称为"像章",大加宣扬;同时在彩页中展示了另三枚直径均在70厘米以上的毛泽东挂像,冠以"大型毛泽东像章"之名,再次误导读者。

由此看来,走出像章误区,科学规范像章概念,加强理论研究,是推动毛泽东像章收藏健康发展的一项长期任务。

正确理解毛泽东像章,首先要清楚什么是"章"!

章,是指佩戴于人体上用以表示身份、职业、纪念等的标志。按不同的分类标准,"章"有不同的称谓。如按佩戴方式分类有胸章、领章、肩章、臂章(袖章)、帽徽等;按功能分类有:证章、奖章、纪念章等。而每一种"章"还可细分,如纪念章可分为:旅游纪念章、体育纪念章、民俗纪念章、人物纪念章、事件纪念章等。尽管"章"的分类不同，但凡属"章"的范畴，均具有两个共同的内容，其一有别针之类的固定物；其二适于人体佩戴的标志。

在了解"章"的含义的基础上，正确认识毛泽东像章就容易多了。

毛泽东像章，除具有上述"章"的两个基本内容外，有毛泽东肖像，是毛泽东像章质的规定性之一，是区别于其他"章"的唯一标志，也是毛泽东像章独具的内容。

综上所述，毛泽东像章，是指有毛泽东肖像、有固定物并适于人体佩戴的标志。

值得注意的是，毛泽东像章是否适合人体佩戴，虽无大小、轻重的绝对标准，但佩戴人体部位的大小及人的负重能力，即是毛泽东像章大小及重量的标准。超大、超小（无法安装固定物）或超重，无法在人体上佩戴的，即便有毛泽东肖像、有固定物，也不能称其为毛泽东像章。正因如此，上述直径1.64米、68公斤的挂像，不在毛泽东像章之列。

从专题像章收藏的概念说起

2000年,以专(主题)收藏为主,以独立章、套章等为辅,举办的第三届全国毛泽东像章(以下简称"像章")展评活动,推动了像章收藏事业的发展,其标志之一,是近年来有越来越多的人关注专(主)题像章收藏,越来越多的收藏者走上了以专(主)题为主的多元化像章收藏之路。

为了进一步深化专题像章收藏,推动以专(主)题为主的多元化像章收藏事业的发展,2003年8月,我在《中国收藏》杂志上发表了《从专题入手——关于像章收藏》一文,继而又以专题像章收藏展览与研讨为主,策划了2003年《纪念毛泽东同志诞辰110周年暨全国徽章收藏界庆祝活动》总体方案。此活动方案受到全国藏友的支持与响应,有18个省、市自治区及香港特别行政区的59位藏友的68个不同形式的像章展品及48位藏友的66篇不同观点的论文,参加了像章展览与研讨。纵观此次像章展览与研讨,不仅参与地域辽阔、人数众多,而且形式多种多样、内容丰富多彩,既有专(主)题像章展览与研讨,又有不同时期、不同地域、系统、单位像章展览与研讨,既有不同材质、工艺像章展览与研讨,又有不同形状、图案像章展览与研讨;既有像章独立章、套章、系列章等展览与研讨,又有像章辨伪展览与研讨等。此次展览与研讨,既展示了全国像章收藏研究的现状,又代表着全国像章收藏研究的水平;既展示了专题像章收藏研究,又体现了多元化像章收藏研究,并预示着一个以专题为主的多元化像章收藏研究新高潮已经到来!

同时,在此次像章展览与论文研讨中,一些展品与论文,虽然写着"×××专题展"、×××专题探讨"之类的标题,但观其内容,应属多元化像章收藏范围,而与专(主)题像章收藏无关。这说明人们对什么是"专(主)题像章收藏"的基本概念还有不同理解。专(主)题像章收藏开展时间不长,理论探讨也刚刚起步,有这样或那样的不同认识,是正常的。但个别人却武断地说:"专题章收藏研究,是人为的组合拼凑……随意取舍,断章取义,把一些价值不大的章拼凑在一起……这样的收藏研究,反倒没有什么意义了。"上述言论,用偷换概念的手法,以莫须有的"专题章"代替"专题像章收藏",并对"专题章"胡批乱侃一痛,而对什么是"专题像章收藏",却未见丝毫真知灼见。可见,上述言论如果不是别有用心的话,就是对什么是"专(主)题像章收藏"一无所知。但此番无的放矢的费话,却从反面提醒我们,弄清"专(主)题像章收藏"这一基本概念,对推动专题像章收藏研究的发展与普及是多么重要。从理论上讲,对"专(主)题像章收藏"这一概念认识不一,虽属正常现象。深入研究下去,你会发现造成认识不一的深层原因,是将像章分类与像章收藏分类相混淆,将专(主)题像章收藏与多元化像章收藏相混淆。因此,要想正确认识什么是"专(主)题像章收藏",必须从认识与实践的角度,弄清什么是像章分类,什么是像章收藏分类,两者的联系与区别是什么,只有这样,才能正确认识"专(主)题像章收藏"这一概念的真正含义与实质。为此,笔者按上述思路,对与"专题像章收藏"相关的概念,作如下的探讨。

一、像章分类

像章分类的概念及分类方法,是像章基础理论的重要组成部分之一。对此,已有许多藏友发表过研究文章,远的不说,仅2000年第三届全国毛泽东像章展评活动组委会编辑的《毛泽东像章收藏学术研讨论文集》,就收录了郑志达先生的《试析毛泽东像章的分类》、王新华先生的《毛泽东像章分类方法研究》、邹一川先生的《"文革"时期毛泽东像章分类的认识与实践》等文。这些文章虽各有千秋,但有一点是相同的,即文章谈论的重点是像章分类方法及如何分类,过目即有收益;而对像章分类的概念涉及很少或没有谈及。因此,笔者在此主要简析像章分类的概念,而略去像章分类方法及具体分类等。

　　像章是指有毛泽东肖像,有固定物并适于人体佩戴的标志。

　　分类亦称归类,是指按事物的相同点,把事物集合成类的过程。这里的"相同点",是指事物本身具有的相同特点。每一事物都是由若干部分组成的,按事物不同部分的特点为标准可有不同的分类。

　　像章分类,是指按像章某一相同特点为标准,把像章按类集合在一起的过程。众所周知,像章是有主题的,为说明像章主题必须有具体的形式与内容,可在独立章、对章、套章、系列章等多种像章形式上体现内容,而绝大多数像章的内容,是由材质、肖像、图、文、形状、制作时间、制作单位(产地)等基本要素组成的。因此,像章基本有三大分类,即以像章的主题为标准的分类,以像章的形式为标准的分类及以像章的内容(此内容特指像章的"基本要素")为标准的分类。每一大类,按其不同标准仍可分为若干类和若干细分类,如以像章主题可分为建党、建军、建国、社会主义建设、毛泽东诗词、毛主席语录等;以像章形式可分独立章,对章、套章和系列章等;以像章内容(基本要素)分类可分"材质、肖像、图、文、形状、制作时间、制作单位(产地)"等,而每一分类,按不同层次的标准,还可再细分类,如以大家熟知的像章制作时间分类为例,以"时期"为标准的分类,可分为"早期像章、中期像章、'文革'时期像章和晚期像章"四类,还可以"年、月、日"分别为标准,再细分类。

　　从认识过程看,认识像章的独立章、对章、套章、系列章等形式,或认识像章的材质、肖像、图、文、形状、制作时间、制作单位等内容,只是认识了像章的表面现象,属感性认识,是认识的第一步,而通过像章的形式与内容,认识像章的主题与内涵,属理性认识,是认识的第二步,是认识的深化。无论像章的形式,还是像章的内容,都是为了表现主题、说明主题,为主题服务的。因此,像章作为一个整体,无论是像章形式分类,还是像章内容(基本要素)分类,都属部分、不全面的分类,相对而言,主题分类既包括了像章形式,也包括了像章的内容,是完整、全面的分类,是最能反映像章本质与价值的分类。

二、像章收藏分类

收藏是人类为了未来人类社会的发展与进步,收藏、整理、保存、鉴赏与研究人类已经创造和自然界客观存在的,具有代表性、史料价值、文化艺术价值、科学技术价值等多元价值的社会实践活动。

像章收藏是人类多种多样收藏实践活动中的一种。像章分类,是人们经过收藏实践得到的理论认识。但像章分类理论是否科学、正确,还必须回到像章收藏实践中去检验。因此,在像章收藏实践中,以像章分类理论为基础的像章收藏分类应运而生。

那么,什么是像章收藏分类呢?像章收藏分类,是指在像章分类基础上,以收藏某相同特点像章为标准,把像章按类收藏集合在一起的过程。

像章收藏分类基本可分两大类,即主题像章收藏分类和多元像章收藏分类。每一像章收藏分类,按收藏不同主题、形式或内容的像章为标准,还可再分类或细分类。

如以像章主题为标准的像章收藏分类,按其收藏像章主题的多少,还可分为主题像章收藏和专题像章收藏两类。主题像章收藏,是指收藏者确定的收藏主题,只含某一类相同主题像章的收藏。如以"毛主席去安源"、"遵义会议"、"赠送芒果"等单一主题的像章收藏,即可称主题像章收藏;专题像章收藏,是指收藏者确定的收藏主题,含有多类不同的主题像章的收藏。如以"长征历程"、"英雄模范"、"毛泽东诗词"、"毛泽东语录"、"革命委员会"等为主题的像章收藏,均属专题像章收藏。

多元像章收藏分类,是指以收藏不同形式或不同内容像章为标准的收藏,统称多元化像章收藏。如"对章"、"套章"等形式像章收藏,"早期像章"、"中期像章"、"'文革'像章"等时期像章收藏,"瓷质像章"、"塑料像章"等材质像章收藏,"江苏省像章"、"福建三明像章"等地域像章收藏,"毛林像章"、"多头像章"等肖像像章收藏,"中国地图"、"世界地图"、"火车"、"汽车"等图案像章收藏,"五星形"、"梅花形"等形状像章收藏等等,均属多元化像章收藏范围之列。

三、像章分类与像章收藏分类的联系与区别

上面我们已简述了什么是像章分类,什么是像章收藏分类。那么,两者之间有什么联系、又有什么区别呢?为了从根本上弄清这个问题,还是从认识的基本概念谈起。

从哲学的观点,辩证唯物主义认为,认识的主体是人,即认识者,客体是同主体对立的客观世界,即客观事物。主体(认识者)与客体(客观事物)是对立的,客体不依赖于主体而客观存在,但主体对客体有能动作用,即主体通过实践可以认识和改造客体。认识客体是认识的初级阶段,是改造客体的基础;在认识客体基础上的改造客体,是认识的高级阶段,是认识客体的目的。同理,像章分类的主体是像章收藏研究者,客体即指客观存在的像章。众所周知,像章的主题、形式与内容,都是由原设计、制作者确定、完成的,既与像章收藏者无关,也不依赖于像章收藏者而客观存在着。但是,像章收藏者,可以通过收藏研究实践,进一步认识各类像章主题、形式和内容之间的特点、功能与价值等异同及联系。这就是说,像章分类是对像章原设计、制作者留在像章上的主题、形式和内容的分类,属能动认识像章的理论阶段。但是,仅认识像章是不够的,为满足不同像章收藏者的需要,在像章分类基础上,应根据各类像章主题、形式与内容特点、功能与价值等的异同及联系,进行像章收藏实践。因此,像章收藏分类,是像章收藏实践的分类,属能动认识像章的实践阶段。

从上述可知,从认识论的角度看,像章分类是收藏者认识像章原貌的分类过程,是像章收藏分类的基础;像章收藏分类是在像章分类基础上的再分类,是满足收藏者收藏像章需要的分类过程。

像章分类是像章收藏分类的基础,像章收藏分类是在像章分类基础上的再分类,两者有密不可分的联系。即分类(认识)主体是相同的,都是人,即像章收藏研究者,分类(认识)客体也是相同的,都是像章。但是,像章分类与像章收藏分类又是有区别的。首先,像章分类是收藏研究者认识像章的理论阶段,像章收藏分类是收藏研究者收藏像章的实践阶段;其次,像章分类是收藏研究者认识像章原貌的过程,是对像章主题、形式和内容的被动认识分类;而像章收藏分类是收藏研究者,在像章分类的基础上,进一步认识各类像章的不同特点、功能与价值等异同及联系,为适应不同像章收藏者收藏需要的主动实践再分类。

四、专(主)题像章收藏与多元化像章收藏的联系与区别

众所周知,像章收藏,经过20多年的实践,绝大多数收藏者已走出比像章收藏"多少与大小"的误区,也离开了过分依赖"套章"收藏的狭窄之路,步入了以专题为主的多元化像章收藏新阶段。但是,由于以专题为主的多元化像章收藏刚刚兴起,无论是收藏实践,还是收藏理论,都还十分稚嫩,有许多值得探讨与研究的问题。其中,明确什么是专(主)题像章收藏,什么是多元化像章收藏及它们的联系与区别等基本的知识,是十分必要的。

像章收藏者成千上万,他们的生存地域、经历、能力、财力、爱好等各不相同,面对数万个品种,几十亿枚像章,每位收藏者喜欢收藏什么,不收藏什么,是不同的。为区别不同收藏者的不同像章收藏,根据上述像章收藏分类已知,我们将像章收藏大体分为专(主)题像章收藏与多元化像章收藏两类。

那么,专(主)题像章收藏与多元化像章收藏有什么联系与区别?专题像章收藏与主题像章收藏又有什么联系与区别?现作如下简单对比分析。

无可置疑,像章作为历史遗物,是具有多种形式的综合艺术品,是通过多种艺术形式、丰富的内容,较完整、连续记载一段历史的证物。因此,像章具有历史价值、艺术价值等多种综合价值。但说到底,像章的形式与内容,都是为像章主题服务的,像章的本质,是较完整、连续记载历史的证物,其根本价值是它的历史价值,这也是其他收藏品无法与像章相比的独具特点与价值。

　　同时，在上面"像章分类"讨论中，我们已知道，无论是哪一种像章形式，还是哪一种像章内容，都是像章的组成部分之一，都是为了表现像章主题，说明像章主题，为像章主题服务的。因此，像章作为一个整体，无论是以某一形式像章（如独立章、对章、套章、系列章等）的收藏，还是以某一内容像章（如时期、肖像、图、文、形状或制作单位等）的收藏，对像章主题收藏而言，都属部分的、不完全的像章收藏。相反，主题像章收藏，既包括了像章形式收藏，又包括了像章内容收藏，是完整的、全面的像章收藏，是如实反映像章本质与价值的像章收藏。通过上述对比分析，不难看出以像章主题为标准的专（主）题像章收藏与以像章形式或内容为标准的多元像章收藏，都是像章收藏者根据自身条件，自我确定的像章收藏，都属像章收藏范畴之内，这是两者之间的主要联系。两者的区别，主要表现在专（主）题像章收藏是以像章的主题为标准的收藏，是完整的、全面的像章收藏，既具有较高的综合收藏价值，又具有较高的历史价值；而多元化像章收藏是以像章的形式或内容的像章收藏，是部分的、不完全的像章收藏，其综合收藏价值及历史价值，与专（主）题像章收藏相比相对较低。

　　另外，即使是同以像章主题为标准的主题像章收藏与专题像章收藏，它们既有联系，也有区别。它们都是以像章主题为标准的像章收藏，这是它们的联系。区别是，主题像章收藏，收藏者决定的收藏主题只含有同一主题的像章，收藏的范围相对较窄、综合收藏价值、历史价值等相对较小，而专题像章收藏，收藏者决定的收藏主题含有多个不同主题的像章，收藏范围相对较宽，其综合收藏价值、历史价值等相对较大。

　　通过上述分析可知，由于专（主）题像章收藏，包含以像章形式与内容的像章收藏。因此，当收藏者一旦确定了像章收藏主题，即打破了像章形式与内容的界限，凡符合主题需要的各种形式与内容的像章,无论是独立章、对章、套章、系列章,还是不同时期、不同单位制作的不同材质、肖像、图、文的像章,无论是精品像章,还是普通像章,均可纳入收藏范围。这既与某人所说的"随意取舍,断章取义"不同,又与某人散布的"收藏像章就是要找精品……精品才值得收藏……在精品中找出专题……为了生搬硬套一个主题而拼凑一些普通像章,不是收藏,也没有收藏价值"的说法,有着本质的区别。此番话貌似有理,实则是个别人,出于商业目的,不择手段,蒙骗广大收藏者,恶炒、哄抬某些"精品像章"价格的借口,为推销某人的"精品像章"所作的宣传。众所周知,像章精品与普通品是相对的。对广大收藏者(经营者除外),特别是专(主)题像章收藏而言,收藏一个完整、有较高价值的专题像章,一定是既有精品像章,又有普通像章,完全由精品像章组成的专题像章,一定是一个不完整的专题像章,绝不如既有精品的像章,又有普通像章的价值高。常言说得好,好花还要绿叶配,这个极为普通的道理,稍有生活常识的人,都会明白。因此,在收藏主题需要的前提下,要打破像章形式与内容的收藏界限,既要收藏精品像章,也要收藏普通像章,这是专(主)像章收藏的一大特点与优势。从这个角度说,尽管不同的像章收藏,其价值各不相同,但就一般情况而言,以像章主题为收藏标准的专(主)题像章收藏,要好于、大于以像章形式与内容为标准的多元化像章收藏。就专题像章收藏与主像章收藏相比较,由于专题像章收藏是含有多个像章主题的收藏,而主题像章收藏是只含一个像章主题的收藏。从这个角度说,专题像章收藏都要广于、高于、大于主题像章收藏。因此,我们说,专题像章收藏,是最能体现像章多种综合价值的收藏,专题像章收藏,是目前最能反映一个像章收藏者收藏研究水平的收藏,专题像章收藏,是像章收藏中的主流收藏。当前,以专题为主的多元化像章收藏得到越来越多收藏者的认可,并积极投入到这一收藏大潮之中,迅猛地推动着像章收藏事业的发展,就是最好的证明。

七、像章收藏辨方向

　　自 20 世纪 70 年代末兴起像章收藏,至今已走过了异军突起、方兴未艾两大阶段, 现正前进在以专题为主的多元化像章收藏新阶段。回首 20 多年来,像章收藏有成功经验,也有失败教训;曾陷入"比像章收藏多少与大小"的误区,也走过片面强调收藏套章的狭窄之路。收藏实践告诉我们,像章收藏必须时刻辨别方向,掌握正确航向。《像章收藏三阶段　执著走过二十年》一文,是概括回顾像章收藏二十年、三个发展阶段的经验与教训的短文。

像章收藏三阶段　执著走过二十年

　　毛泽东像章(以下简称"像章")诞生于 20 世纪 40 年代初的延安,至今已有 60 多年了。从广义而言,自有像章始,即有像章收藏,但"文革"前只有少数人珍藏与自己相关的像章。珍藏与收藏是有区别的,从珍藏到收藏是有一个过程的。"文革"初期,随着"像章热"的出现,产生了一批较早的像章收藏者,直到 1969 年 6 月,毛泽东发出"还我飞机"后,像章收藏热逐渐冷了下来。20 世纪 70 年代末,改革开放后,随着经济的发展、人民生活水平的提高,收藏事业全面复苏。一度被人遗忘的像章,作为记载一个时代的历史证物,其突出的历史史料价值、丰富的文化艺术价值等多元综合价值,逐渐被人们所认识,一个像章收藏热在中国大地兴起了,至今已20多年长盛不衰,成为收藏十大门类之一。

20多年来,像章收藏走过了两大阶段,现正前进在第三阶段中。每一阶段都有不同的特点,每一阶段都比前一阶段有了新的发展。

第一阶段——20世纪70年代末至90年代初,像章收藏异军突起。

20世纪70年代末至90年代初,中国实行的改革开放政策,取得了一定的成效,人民生活水平有了一定提高。于是,在享受改革开放成果的同时,人民自然不会忘记,改革开放总设计师邓小平踏着毛泽东时代的基业,开辟了新时代。在这个大环境下,毛泽东热逐渐升温,伴随盛世收藏的兴起,毛泽东时代的象征物之一、一度被人遗忘的像章收藏热异军突起,其发展速度之快、影响之大,令人始料不及,并很快成为人们的收藏热点之一。其突出表现在以下几个方面。

其一,像章收藏热悄然兴起,像章展览遍布城乡,此起彼伏,参观人数众多,社会反响强烈,是像章收藏异军突起的基础。

在"文革"中、甚至"文革"前就开始收藏像章的有识者,在改革开放后,如鱼得水,很快投入到像章收藏大军之中。在当时像章还不被多数人认识的情况下,他们以较便宜的价格,大量收购像章,其藏品与日俱增,很快达到万枚、数万枚,并开始到处办展览,以展示自己的收藏成果。据不完全统计,仅1989—1992年,全国有北京、上海、湖南、黑龙江、四川、浙江、福建、贵州、甘肃等23个省、市、自治区,举办各种类型像章展达数百次,参观者多达数千万人次,其影响之大,出乎人们的预料,这既是像章收藏异军突起的标志,又是像章收藏异军突起的基础。

其二,一批有特色的像章收藏家(者)脱颖而出,成为像章收藏异军突起的代表人物。

在像章收藏不断升温的同时,一批有特色的像章收藏者在藏界脱颖而出。如建国初期开始收藏像章,"文革"中的1968年开始办像章

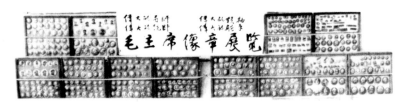

图 163

展览(见图163),改革开放后的1986年第一个写出了像章论文的广东汤国云先生;集像章设计、收藏、研究于一身的史学工作者陕西许韧先生;较早写出"文革"《毛泽东像章研究》小册子、向国内外散发,产生一定影响的广东饶贵祥先生;第一个创办像章家庭展馆的四川王安廷先生等,受到中外媒体的高度关注,一夜之间成为像章收藏异军突起的标志性人物,于是乎像章收藏"四大家"、"五大家"、"八大家"等,纷纷见诸报端。

其三,自发的家庭像章展馆、民间收藏组织、民办报刊开始出现。

伴随像章收藏的异军突起,一些像章收藏者已不满足个人像章展或媒体对个别人宣传所带来的暂短轰动效应,希望组织起来,开展有计划、有目的的像章收藏研究活动,以推动像章收藏事业不断健康发展。在这种背景下,像章收藏民间组织自发成立起来,像章民刊办了起来,家庭像章展馆开了起来。1990年7月20日,一个以像章收藏为主,由福建、广东、上海等10多个省、市的几十位藏友组织的全国第一个像章收藏组织——《中华徽章艺术研究会》在厦门成立,并于两个月后创办了《中华徽章艺术报》;半年之后的1990年12月26日,一个跨地区,涵盖全国20多个省、市、自治区,有数百人参加的《中华毛泽东像章收藏研会筹委会》在成都成立。在此前的1989年1月1日,

140

全国首家像章家庭展馆——"王安廷小小展览馆"（见图164），在成都五福街23号开馆，截至1992年，接待全国各地参观者达数万人，美、英、法及港澳台等地参观者200多人，另接待中外数百家新

图164

闻媒体采访、报道100多次。此后，1990年9月，山西"许若军家庭像章博物馆"、1991年7月1日，郑元来、郑元兴创办的"上海毛泽东像章鉴赏与研究藏馆"、1992年5月4日，蔡柏智主编的《毛泽东像章收藏信息通讯》创刊、1992年9月25日，浙江茹宏亮开办的"毛泽东像章收藏研究艺术馆"先后办了起来。

在这一阶段，像章收藏发展速度较快，令人始料不及，一批像章收藏过万枚、甚至数万枚的像章收藏家（者）纷纷展示自己的藏品。与此同时，自发的民间像章收藏组织、民间像章报刊、民间像章展馆相继出现，层出不穷的像章展览遍布城乡。此时的像章收藏异军突起，不仅得到了社会与藏界的普遍认可，而逐渐形成了一个新的收藏门类。但是，此阶段由于对像章本质含义与价值认识较为肤浅，收藏目的不够明确，又缺乏必要的理论指导，多数人偏重像章收藏数量，不问像章质量，只看像章大小，不问像章内容，使此阶段的像章收藏走入了比像章收藏多少与大小的误区。

第二阶段——毛泽东同志诞辰100周年的1993年至20世纪末，像章收藏方兴未艾。

1993年是毛泽东同志诞辰100周年，举国上下举办了多种多样的的纪念活动。在这种大背景下，以毛泽东像章为主的毛泽东文化收

图 165

藏品普遍受到重视,毛泽东时代的歌曲大流行……"毛泽东热"出现了新的高潮。但也有人认为,(上述)这些东西除了一部分商人利用人们对毛泽东的感情,想炒出一些商业价值外,还有一些人是由于对现实生活中某些不公平现象的不满,而产生的怀旧现象,并预言,随着浓厚商业气息的散去,伴随怀旧心理的减弱,毛泽东热会随之消失,毛泽东像章收藏热也会随之减弱。然而,事实与某些人的预言不尽相同,1993年后,"毛泽东热"的现象有所减弱,但像章收藏热非但没有减弱,相反,1993年至20世纪末,像章收藏向纵深发展,得到了社会的普遍认可,并以相对独立的收藏门类,跻身于十大收藏品之列。与此同时,以像章收藏研究为中心(见图165),像章展评、出版像章专业图书、像章交流拍卖等为一体的像章收藏文化事业,呈现出方兴未艾的新局面,其主要表现在以下几个方面。

其一,1993年后,自发的民间收藏组织,向正规、合法的像章收藏专业组织发展,是像章收藏方兴未艾的原动力。

1990年前,曾出现过自发的民间像章收藏组织,均因种种原因而自行消失了。但随着收藏事业的发展,正规的像章收藏组织的出现是一种必然。

图 166

1993年11月6日,浙江台州市椒江毛泽东像章收藏研究会,经民政部门批准正式成立,成为全国首个正规的像章收藏组织(见图166)。随后,1996年6月,河南省收藏协会徽章专业委员会成立;1996年9月,黑龙江省"红太阳"收藏之友联谊会成立;1997年9月7日,广州邮票钱币集藏俱乐部徽章学术研究会成立,后加入广东省收藏家协会,并于1997年6月13日成立了广东省收藏家协会徽章专业委员会。

实践证明,在此后几年中,各地像章收藏组织的出现及率广大藏友开展的各种有效收藏活动,是推动像章收藏由异军突起阶段向方兴未艾阶段发展的原动力。

其二,1993年后,民办像章报越来越多,水平越来越高,特别是一批像章专著的面世,使异军突起阶段的比像章收藏多少、大小的盲目收藏,走向方兴未艾阶段以套章收藏为主的分类像章收藏。

前面曾介绍过,1992年前,我国曾有二三份民间像章报,1993年后至20世纪末,民办像章报越来越多,1994年2月,上海缪时舫创办了

《毛泽东像章交流信息》报;1996年7月1日,河南省收藏协会徽章专业委员会创办了《毛章大世界》报;1996年9月9日,黑龙江省"红太阳"收藏之友联谊会,创办了《红太阳收藏》报;1997年1月,江西蒋永健创办了《伟人像章天地》报;1998年1月,广州邮票钱币集藏俱乐部学术研究会创办了《徽章钱币研究》报,半年后,此刊改由广东省收藏协会徽章专业委员会主办,更名为《徽章研究》报等。上述像章报(参见图191),从总体上看,较之以前的像章报,不仅版式新颖、印刷精美,而且内容丰富、信息量大,颇受藏友们的欢迎,对推动像章收藏的发展起到了巨大作用。与此同时,一些收藏者为在更大范围、更全面展示自己的收藏成果,让更多的人了解像章,他们不满足于像章展览,而纷纷著书立说。据不完全统计,仅1993年一年公开发行的毛泽东像章专著多达十余种,其中主要有:

1.1993年1月,许韧、许淼、许荧编著的《毛泽东像章五十年》;

2.1993年3月,许韧、王慧、许淼、许荧编著的《毛泽东像章纵横谈》;

3.1993年5月,宋一凡编著的《毛泽东像章珍品集》;

4.1993年5月,周继厚编著的《毛泽东像章之谜——世界第九大奇观》;

5.1993年8月,王安廷主编、中国书店出版社编选的《毛泽东像章图谱》;

6.1993年9月,由黄森鑫等5人提供藏品、毛泽东像章收藏图鉴编委会编著的《毛泽东像章收藏图鉴》;

7.1993年9月,杨红金、杨正山编著的《毛泽东像章精品集》;

8.1993年10月,鲁娜编著的《毛泽东像章收藏与鉴赏》;

9.1993年11月,侯党生编著的《毛泽东像章风云录》等。

上述像章专著(参见图193)的出现,既是像章收藏第一阶段异军突起的结晶,又是像章收藏第二阶段方兴未艾的起点。上述像章专著,基本可分三类,第一类是以像章收藏为主的像章图谱类图书(即1、3、5、6、7);第二类是以像章研究为主的像章鉴赏类图书(即2、

8);第三类是以像章趣闻轶事为主的图书(4、9)。从实践看,第一、二类图书对像章收藏研究起到了一定的作用,特别是《毛泽东像章纵横谈》一书,对像章发展历史、价值、分类及"文革"像章热的研究,开辟了像章基础理论建设的先河;而《毛泽东像章收藏图鉴》一书,提出的像章有独立章、对章、套章、系列章之分的概念,对第二阶段套章收藏的发展起到了一定的推动作用。

总之,1993年后,越来越多、水平越来越高的民办像章报的出现,一批像章专著的出版,使人们从异军突起的第一阶段,比像章收藏多少、大小的盲目像章收藏,走向了方兴未艾的第二阶段,以套章收藏为主的分类像章收藏。

其三,1993年后,由自发的个人办展,发展为有组织的地区性或跨地区的多人联展,是推动像章收藏研究事业向纵深发展的有效形式。

像章展览是推动像章收藏事业发展的重要形式之一（见图167）。

图 167

　　1993年后,随着各地像章收藏组织的建立,在个人像章展览存在的同时,由像章收藏组织举办的地区、跨地区的多人大型像章联展出现了,展览水平不断提高,其社会效果更好,影响更大。

　　浙江省台州椒江毛泽东像章收藏研究会,自1993年成立至1998年,先后举办像章展7次,有70多人次参展,观众达10多万人次,省内外20多家新闻单位作了报道,受到省、市、区领导的肯定与赞扬,并被台州市民政部门授予"先进社团"称号。

　　黑龙江"红太阳"收藏之友联谊会与黑龙江纪念馆,于1996年12月,联合举办"纪念毛泽东同志诞辰103周年系列活动",该会有14位藏友提供大量珍贵藏品参展,展期内有数万人参观此展览,并有8家新闻单位先后报道,在省内外引起强烈反响。

　　河南省收藏协会徽章专业委员会,自1996年成立,多次举办大型展览活动,如1997年6月,由12名会员举办了"庆回归、颂伟人"万枚像章精品联展;1997年7月,为纪念毛泽东逝世21周年,该会13名会员与河南南街村联合举办了"毛泽东像章收藏精品邀请展",为此,河南省政协副主席刘玉杰、原省人大主任纪涵星、毛泽东的孙子毛新宇等党政军领导及人民群众等1500多人参加了开幕式,并有新华社河南分社、河南日报等9家新闻单位报道。

　　1998年9月5日至20日,举办了《北京毛泽东像章联展》,汪东兴、刘志坚、傅崇碧、张玉凤等同志参观了展览(见图168),在京城引起了强烈反响。

　　广东省收藏家协会徽章专业委员会自1997年成立以来,也多次举办了大型展览,其中最有影响的当属1999年10月,由该会15名会员联合举办的"中华百年徽章精珍罕品展览"。此次展览将中华百年徽章共分为(1)清末民初(2)大革命及土地革命(3)抗日战争和解放战争(4)社会主义革命与社会主义建设(5)"文化大革命"(6)改革开放等六个时期,以展示中华百年历史。时逢世纪之交,用徽章纪念百年历史,进行爱国主义教育,是一个创举,受到众多参观者的好评。

图 168

其四,全国性展评活动的出现,是推动以套章为主的分类像章收藏方兴未艾的重要标志。

如果说,由自发的个人像章展,发展到各地有组织的地区性的多人像章联展,是推动像章收藏向纵深发展的有效形式。那么,由各地有组织的像章联展,发展到全国性有组织的像章展评,则是推动以套章收藏为主的分类像章收藏方兴未艾的重要标志。

1993年前,像章收藏数量多少与大小,是衡量像章收藏水平高低的标准。1993年后,随着以像章套章收藏为主的分类像章收藏的兴起,衡量像章收藏水平高低的标准发生了重大变化,不再是看收藏像章数量多少与大小,而是看收藏像章套章及精、珍、罕品的多少。代表这种变化的主要标志,是全国"双十佳"评选活动的出现。

1997年7月1日,河南省收藏协会徽章专业委员会,率先向全国发出《关于开展推荐全国"十佳"套章活动的倡议》。此"倡议"一经发出,犹如一石激起千层浪,得到全国24个省、市众多藏友的支持与欢迎。同时建议,为反映以套章收藏为主的分类像章收藏的现状,将

147

"十佳"套章的评选,改为"双十佳"评选,即评选"十佳套章和十佳独立章"。经一年的精心准备,1998年6月13日至14日,在河南省郑州市举办了首届全国像章"双十佳"展评活动(参见图195),来自全国的24位评委评选出"34枚毛泽东诗词大套章"等10套套章及"长征路线图"等10种独立章为"双十佳"。此次活动,开创了全国像章展评活动的先河,推动了以套章为主的分类像章收藏。

一年后的1999年11月1日至4日,广东省收藏家协会徽章专业委员会,在总结首届全国像章展评的基础上,举办的《第二届全国徽章评奖活动》(参见图196),将原以套章为主的"双十佳"评选,扩大到多种多样的分类收藏评选上。本次展评经来自全国28个省、市、自治区的77位代表评选,评选出早期徽章、"文革"铝质像章、部队套章、地方套章、改革开放徽章、各种材质等七大类,39项、65人次分获金、银、铜、优秀及荣誉奖。

此两次全国展评活动,不仅有力地推动了像章收藏由异军突起的第一阶段向方兴未艾的第二阶段发展,而且使像章收藏由比多少与大小,向以套章为主的分类像章收藏前进了一大步。但是,由于两次展评过分强调套章收藏,方兴未艾的第二阶段虽从比像章收藏多少与大小的误区中走了出来,却又走进了狭窄的以套章、名章为主的收藏之路。

第三阶段——2000年至今,以专题为主的多元化像章收藏兴起,代表了未来像章收藏的主流大方向。

改革开放后兴起的像章收藏,经过近20年的发展,已逐渐步入正轨,特别是两次全国像章展评活动,既展示了像章的无穷魅力及丰富的收藏成果,又显示了旺盛的像章收藏人气及光明发展前景。但是,一些有识之士,在看到像章收藏迅速发展与红红火火展评的同时,发现了像章收藏存在着"重收藏,轻研究;重套章、名章收藏;轻专题为主的多元化像章收藏;重像章外在艺术形式研究,轻像章内涵价值研究"的弊端。为此,近年来,在克服上述弊端的同时,许多收藏者既走出了比像章收藏多少与大小的误区，又避开了走过于注重套章、名章收藏的狭窄之路，踏上了以专题为主的多元化像章收藏之路，其主要表现在以下几个方面。

其一，从套章、名章展评向专（主）题像章展评过渡，推动像章收藏向专题为主的多元化收藏发展。

在肯定像章收藏第一、二阶段成绩，吸收第一、二届全国像章展评活动经验与教训，广泛听取各方意见的基础上，一些有识之士认识到，在收藏队伍中，"重收藏，轻研究；重套章、名章收藏，轻专题为主的多元化像章收藏；重像章外在艺术形式研究，轻像章内涵价值研究"的倾向日趋严重。为使像章收藏沿着正确方向不断发展，必须纠正上述倾向，逐步弱化套章、名章评选，逐步引导、支持、鼓励专题像章收藏，并最终形成以专题为主的多元化像章收藏新局面。为此，在2000年10月3—6日，由中国收藏家协会徽章专业委员会举办的第三届全国像章展评活动时，打破了第一、二届仅评选套章、名章的模式，改为举办以像章专（主）题展览、像章学术研讨为主，结合像章交流交换、拍卖等为一体的多侧面、立体、展示像章收藏研究成果的盛会。来自全国20个省、市、自治区及香港特别行政区的160多名代表参加了本次活动，有20个省、市、自治区及香港特别行政区选送的50多部展品，参加了展览，有16个省、市、自治区的50多篇论文参加了研讨。评选出展览金、银、铜奖13个，纪念奖35个；评选出论文金、银、铜奖10个，纪念奖24个；另评选出"十佳"对章、套章、系列章等奖项50个。

此次展评活动，开创了5个第一：即第一次提出专题像章展览；第一次举办像章理论研讨；第一次编印了《毛泽东像章收藏学术研讨论文集》（见图188）；第一次举办了全国"毛文化"收藏拍卖会；第一次邀请国家文博专家、学者参与民间收藏研究活动。尽管此次活动没有彻底取消套章、名章展评，在专（主）题展览、理论研讨中也存有明显不足，但在推动像章收藏研究、推动像章收藏向专题为主的多元化方向过渡起到了巨大的作用。

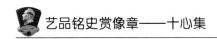

其二,通过像章收藏研讨,正确认识像章收藏由套章收藏为主向以专题收藏为主转移中的"冷与热",推动像章收藏研究向纵深发展。

2000年前后,尤其是2000年10月第三届全国像章展评之后,像章收藏出现了"冷与热"两种相反的现象:一方面,收藏市场上像章价格普遍下降,尤其是多数套章价格下降幅度较大,收藏套章的热度开始降温……于是,有人认为像章收藏进入了"枯水期",像章收藏要"冷"下来的说法也出现了;另一方面,以专题为主的多元化像章收藏开始升温。如河南王友芳同志由套章收藏为主转入铁路建设像章专题收藏,北京姜兴周同志以"四个伟大"像章为主的综合类收藏,福建陈志忠、江苏徐雨峰的"三明地域"与"江苏省地域"像章收藏等,均引起了藏界关注,并在他们的影响下,以专题为主的多元化像章收藏逐渐"热"了起来,与专题为主的多元化像章收藏有关的像章价格普遍升值。

面对像章收藏这一冷一热相反的两种现象,藏界在报刊上开展了一场大讨论,并于2001年10月5日,在"全国首届徽章收藏研究座谈会"上,进行了重点研讨。与会者回顾了20世纪90年代初,像章收藏由比"多少与大小"转移到以套章收藏为主的演变,认为这是一种必然,是一大进步,它推动了像章收藏由异军突起的第一阶段发展到了更高的方兴未艾的第二阶段;如今由套章收藏为主转移到以专题为主的多元化像章收藏,也是一种必然,又是一大进步,它也必将推动像章收藏向更高的以专题为主的多元化收藏方向发展。上述转移中的"冷与热"是像章收藏发展中的正常现象与必然趋势,它说明像章收藏正在走向成熟,它预示着以专题为主的多元化像章收藏热潮必将到来!

其三,以专题像章展评与研讨为中心,推动像章收藏向专题为主的多元化收藏全面深入发展。

自2000年第三届全国像章展评活动,提出专(主)题为主的多元化像章收藏以来,特别是经过像章收藏"冷与热"的大讨论,专题像章收藏逐渐被收藏者所接受,有越来越多的收藏者自觉地走上专题像章收藏之路,一个以专题为主的多元化像章收藏新局面已经形成。

2003年是毛泽东同志诞辰110周年,举行各种纪念活动,是全党、全国各族人民政治生活中的一件大事。对像章收藏者而言,更是展示、总结像章收藏成果的大好时机。为此,从2001年起,全国徽章界即开始了规划。经两年多的精心筹备,由全国各省徽章收藏组织与藏友组成的"全国徽章活动指导协调小组",联合《中国收藏》杂志、《中国商报——收藏拍卖导报》、北京报国文化发展有限责任公司主办的《纪念毛泽东同志诞辰110周年暨全国徽章收藏界庆祝活动》,于2003年12月24日—28日,如期在北京隆重举行了。

本次活动以"回顾与展望"为指导思想。一方面,通过编辑《毛泽东像章收藏二十年人物集》(见图201)、印制"各省徽(像)章收藏组织简介"系列纪念券及"像章收藏二十年回顾与展望"系列纪念封,从不同侧面、不同角度记载像章收藏20年,它们既是记录像章收藏史的艺术品,又是见证像章收藏发展史的证物,随着历史的发展,它们的历史价值、艺术价值等多元综合价值将凸现出来;另一方面,举办以专题像章展览与研讨为中心的"毛文化"收藏品征文、拍卖、交流交换等为一体的纪念活动,推动了像章收藏向专题为主的多元化收藏全面深入发展。

在此次活动中,来自全国18个省、市和香港特别行政区的57位收藏家(者),举办了以专题为主的74个不同像章展。与此同时,还有18个省、市和香港特别行政区的40多位收藏家(者)撰写了64篇论文,参加了专题像章收藏理论研讨会。尽管专题像章收藏时间不长,其理论还不成熟,参加本次展览与研讨的论文仍显稚嫩,但这一展一会,仍是集中展示、交流、总结近几年来全国以专题为主的多元化像章收藏成果的盛会,是推动像章收藏研究事业向更广、更深、更高方向

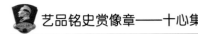

发展的动员会，一个以专题为主的多元化像章收藏新高潮已经到来！

　　回首20年来，像章收藏走过了异军突起、方兴未艾两个阶段，现正前进在以专题为主的多元化像章收藏新阶段。可以预见，具有中国特色、博大精深的像章，作为毛泽东时代的重要历史遗物，将会受到越来越多的中外有识之士的青睐，终将随着历史的发展，伴随传世伟人毛泽东载入历史史册，铭刻于历史长河之中！

八、专题多元化收藏

　　20世纪末、21世纪初,像章收藏步入以专题为主的多元化像章收藏新阶段,经近几年的发展,有越来越多的收藏者关注专题收藏,投入到以专题为主的多元化收藏大军之中,但专题收藏与多元化收藏的理论仍在探讨之中。

　　2001年末,受藏友陈志忠之邀,笔者为其出版的《福建三明毛泽东像章图谱》作序。尽管我对三明像章了解不多,但考虑到此书是步入以专题为主的多元化像章收藏新阶段出版的第一本地域像章收藏图书,属多元化收藏的一种,能为此书作序,既是先睹为快、学习的好机会,又是宣传地域收藏及多元化像章收藏的好机会;既是对陈志忠先生收藏的支持,也是对以专题为主的多元化像章收藏的支持,故既为此书作了序,又写了《像章收藏走向多元化》一文,并以此两文对全国多元化像章收藏的由来与发展,作一简记。

《福建三明毛泽东像章图谱》序

　　近年,常在各种报刊上看到陈志忠先生发表的各种关于毛泽东像章(简称"像章")的文章,印象颇深;加之藏友介绍,对陈先生其人已有所了解;但却没有直接联系,更无谋面。直到2000年初夏,才有了电话、书信往来，同年10月在第三届全国像章展评会上首次见面，且一见如故。但本人会间杂事繁多，错过与陈先生交流之机，稍有遗憾；此后，因像章收藏仍常有电话、书信联系。数月前，得知陈先生努力著书立说，甚为高兴，后因出版社之故，出版未果，甚为不平；数日前，陈先生告知，《'文革'三明像章》专著，即将出版，他请鄙人为该书作序，实感难承此任。但盛情难却，作为读者，简谈观赏此书的感想一二。

观赏此书之前，我对"文革"三明像章了解甚少，只对其"书法像章"留有印象。此次通观该书，对三明像章概貌有了较多的了解。关于三明像章的特色，陈先生在本书《谈'文革'期间三明地区制作的毛泽东像章》一文中，作了全面、精辟的概括，本人十分认同，不再赘述。纵观三明像章，从外形看，并无南方娇小、俊秀、灵气之美，却有北方粗犷、驰放、大度之势；从内容看，与其他地区制作的"文革"像章大同小异，但也有与众不同之处。我指与众不同，集中反映在三明"书法像章"之上。中国书法，历有"线条艺术、方块绘画，东方文化明珠"之美誉。中国书法，在各地制作的许多像章上，有着广泛的运用。三明"书法像章"，特别是三明制作的大字书法像章，其种类之多，内容之广，不仅在三明像章中占有举足轻重的地位，而且在全国各地制作的书法像章中独树一帜。正因如此，三明书法像章不仅受到三明像章收藏者的喜爱，也受全国众多像章收藏者的青睐，藏友中竞相收藏三明"书法像章"就是最好的证明；三明"书法像章"，不仅是三明"文革"像章的代表，也是"文革"书法像章的重要组成部分。

像章收藏走过了"异军突起"与"方兴未艾"两大阶段后，如今已进入了以专（主）题收藏为主的多元化像章收藏新阶段。地域收藏是多元化收藏之一。陈先生是土生土长的福建省三明人，数年前，陈先生就开始了"三明地区像章"收藏，是较早开始地域收藏者之一，而率先发表地域收藏研究成果，出版《福建三明毛泽东像章图谱》一书，既有别于先前各种像章图书，又开辟了地域像章收藏图书出版之先河。此书面世,不仅使更多的人了解三明像章、喜爱三明像章、收藏三明像章;而且会使更多的人,关注地域收藏、了解地域收藏、促进地域收藏。地域收藏,具有天时、地利、人和之优势,与其他收藏相比,投入的人力、财力、精力相对少一些,且便于收藏,易见成效;加之,地域收藏与当地历史、文化、民风民俗、人文景观有着密切的联系,它既有利于像章研究,易出像章研究成果;又有利于与当地历史、文化的研究相结合,有助于补充、完善当地历史、文化的研究成果。因此,此书面世意义,远非仅对三明地区像章收藏研究具有推动作用。我相信,随着此书的面世,各地将会有更多的收藏者走入地域像章收藏研究之中;今后,必将有更多、更好的地域像章收藏研究成果出现,也将有新的地域像章收藏研究新书面世。如果各地收藏者能把本地区像章收藏好、研究好,那么,不仅会推动我国毛泽东像章收藏研究事业的发展,而且会对各地区历史、文化以至我国历史、文化研究提供许多珍贵的实物证据与有价值的历史资料。

此书为图谱类图书,分类清楚,文字介绍简洁,相关概念较准确,重点突出。特别值得一提的是,陈先生的《谈'文革'期间三明地区制作的毛泽东像章》一文,将三明像章的来龙去脉介绍得一清二楚,上至像章制作的组织领导机构,下至像章生产制作的全过程,如像章选材、模具制作、像章冲压、电镀、描漆等。由此不难看出,陈先生在收藏三明像章的同时,对三明像章及三明像章的发展史,作了大量的研究。纵观此书,它既展示了陈先生对三明像章的收藏成果,也展示了对三明像章的研究成果。陈先生坚持收藏与研究并重的收藏研究观,值得提倡,值得我学习,也值得其他藏友借鉴。

像章收藏走向多元化

从20世纪80年代末至90年代初,一向无人问津的像章收藏,一夜之间,浮出水面,像章成为热门的收藏品。崭露头角的像章收藏(研究)家纷纷举办像章展览,著书立说,一时间,像章收藏热成为当时新闻界报道的焦点、人们议论的话题之一。此阶段像章收藏发展之快、宣传之广、影响之大,可谓异军突起。但此时像章收藏陷入了像章收藏比多少与大小的误区之中。

1993年后至20世纪末,毛泽东像章收藏得到了社会各界的认可,跻身于各类收藏品的行列之中,出现了集像章收藏研究、交流交易、展览评比、图书音像出版发行等为一体的、收藏文化事业方兴未艾的新局面。此时像章收藏已走出了像章收藏比多少与大小的误区,步入了以套章收藏为主的阶段。但随着1998年至2000年三次全国性像章评比的推动,加之市场对套章的过分炒作,夸大套章在像章整体中的地位与价值,忘记了套章只是像章整体中的一小部分,特别是套章主题雷同、内容重复等弊病,致使出现只重像章套章收藏,而忽视其他像章收藏的现象。果然,当20世纪末,新品种套章也越来越少,套章收藏出现下滑趋势,有人惊呼:"像章收藏进入了枯水期",似乎像章收藏只是套章,没有新套章可收藏,像章收藏就走入了"死胡同",其实不然。

就在此时,像章收藏界的一些有识之士,在回顾像章收藏20多年的发展历史,全面分析了"异军突起"与"方兴未艾"两个阶段像章收藏的利弊后认为,一方面像章收藏具备了组织不断发展、队伍不断壮大、藏品不断丰富、收藏理论不断完善、市场不断成熟等有利条件,为收藏进一步发展创造了良好的基础;另一方面,许多收藏者从"比像章多少与大小、片面追求套章收藏"的教训中有了新的认识,开始寻找新的像章收藏之路。因此,我们有理由说,进入新世纪以后,像章收藏并非走入了"山穷水尽疑无路"的"枯水期",而是跨入了"柳暗花明又一村"的新阶段。这个新阶段的主要标志就是:以专(主)题为主的多元化像章收藏的出现,为像章收藏向更广、更深、更高的方向发展,开辟了一片新天地,更为可喜的是,目前已有越来越多的收藏者,走上了以专(主)题为主的多元化像章收藏之路,并已初见成效。"中国革命史专题像章收藏"、"'文革'群众组织像章专题收藏"、"铭文像章专题收藏"、"早、中期像章专题收藏"、"西北早中期像章专题收藏"、"中苏友好协会会员证章主题收藏"、"瓷质像章专题收藏"、"像章套章专题收藏"、"军队系统像章收藏"、"香港地区像章收藏"、"三明地区像章收藏"、"江苏省像章收藏"、"'四伟大'综合类收藏"等,都已达到相当高的水平。特别是近年来一些毛泽东像章图书的先后出版发行,既展示了以专(主)题为主的多元化像章收藏的成果,也必将推动专(主)题为主的多元化像章收藏的发展。

随着多元化像章收藏的发展,许多人误将专题像章收藏与多元化像章收藏混为一谈,对什么是专题像章收藏,怎样进行专题像章收藏,并不十分清楚,无形中冲淡或曲解了专题像章收藏。为牢牢把握以专题为主的多元化像章收藏大方向,从理论与实践两方面推动专题像章收藏,带动多元化像章收藏,笔者发表了《从专题入手——关于像章收藏》及《毛泽东手书专题像章分类与赏析》两文。

从专题入手
——关于像章收藏

　　20多年来,像章收藏走过了"异军突起"与"方兴未艾"两大阶段,有许多成功的经验,也有陷入比像章收藏多少与大小的误区、片面追求套章收藏的教训。在总结经验与教训的基础上,越来越多的收藏者,认清了未来像章收藏的大方向——专题收藏。

　　众所周知,从收藏者角度看,由于受精力、财力等制约,没有哪一个收藏者能收全、收齐所有的像章。衡量像章收藏水平的高低,不是看像章收藏数量的多少与大小,而是看像章收藏研究成果的高低与大小。一个像章收藏者,倾其毕生精力、财力,也不可能收齐全部像章。但是,集中一定的财力、精力,坚持专题像章收藏,在较短的时间里搞好一个或几个专题收藏,是完全可以办得到的,毕生坚持下来,必将取得更大的成绩。另外,就像章本身而言,无论某种、某对、某套像章的价值多大,与专题像章价值相比,几乎无法相提并论。例如,人们熟知的"34枚大诗词套章",应该说是像章精品中的精品,然而,对毛泽东手书像章专题而言,它只是其中很小的一部分(目前已知毛泽东手书像章多达近千种,而大诗词毛泽东手书像章只有22种,其中3种还有争议),而对手书像章专题而言,它则是更小的一部分(目前已知手书像章多达数千种)。因此,专题收藏者,对像章的选择,既不分独立章、对章或套章,也不只看像章价值的大小,而是首先看其是否符合专题像章的需要。在符合专题像章需要的前提下,不管独立章、对章、套章,也不管像章价值大小,均可收入专题中。但视专题的大小、个人精力、财力的大小,可在需要的像章范围内,按像章综合价值的大小,进行必要的选择。

那么,什么是专题像章收藏?如何进行专题像章收藏呢?

专题像章收藏是指收藏者在对像章整体分析、判断的基础上,结合个人的爱好与特长,根据个人的精力与财力,确定专题像章收藏的主题,并紧紧围绕专题像章的主题进行有计划、有目的的像章收藏与研究。

一,恰当选定专题像章的主题

众所周知,无论是普通像章,还是精品像章,数万种像章都有各自独立的主题。像章的主题,是由像章制作者在制作像章时确定的,对收藏者而言,是被动的、无法改变的。但像章收藏者,面对众多不同主题的像章,却可以根据自己的需要,由收藏者主动地选定自己需要的收藏专题像章的主题,并按收藏者选定专题像章的主题,将不同主题的像章有机地组合在收藏者选定的专题之内,这就是专题收藏。由此不难看出,专题收藏成功与否,与收藏者恰当选定专题像章的主题有着密切的关系。因此,恰当选定专题像章的主题,是十分重要的,一般而言,选定专题像章的主题应从以下几方面考虑。

首先,选定专题像章收藏,既要考虑像章整体资源的可供性,又要结合自己收藏的可能性。

像章自诞生以来的60余年中,制作了各种像章约数万个品种,数十亿枚;从反映的时间上看,它跨越了中国近百年的历史,包括第一、二次国内革命战争时期、抗日战争时期、解放战争时期、新中国前17年革命建设时期和十年"文革"时期;从内容上看,它涵盖了我国政治、军事、经济、外交、科学技术、文化教育、文学艺术等方方面面,它集中记载了上述历史时期的中共党史、中国人民解放军史、中华人民共和国史和毛泽东生平史等四大方面,笔者简称它为"像章的四大筋骨"。从这个角度看,选定专题像章收藏的余地较大,但由于不同主题、不同品种像章之间的数量相差悬殊,特别是有些像章因其数量极少,或留存于民间的数量极少,其收藏难度较大。因此,在选定专题像章主题时,既要考虑像章资源的可供性,即可供选择的像章越多越好,又要有利于专题像章收藏者的收藏,即专题像章便于收藏和可能收藏。

其次,选定专题像章收藏,既要考虑专题大小适中,又应具有向纵横发展的潜力。

对专题像章收藏者而言,选择专题像章收藏是否恰当、是否有发展前途,是专题像章收藏的关键。通常,专题像章主题大的,其意义与价值相对要大一些,但收藏时间长,花费的精力和财力较大,较难出收藏成果,而易挫伤收藏者的积极性;专题像章主题太小,虽然容易收藏,但收藏意义与价值不大。一般而言,选择专题像章应有百个品种左右,其像章可选在200种至400种之间较为适中,但此专题像章必须具有向纵横发展的空间和潜力。

另外,选定专题像章收藏,在考虑专题像章综合价值大小的同时,要重点考虑专题像章的历史价值和艺术价值的大小。

像章具有历史史料、文化艺术、收藏研究、观赏教育和投资增值等综合价值,专题像章所具备的上述综合价值更大。因此,在选定专题像章收藏主题时,必须考虑专题像章的综合价值的大小。一般而言,应从投资小、收藏快、综合价值较大、易见成效的专题像章收藏起步,并在此基础上不断扩大与发展专题像章收藏。当前,在市场经济大潮的裹挟下,收藏者易受金钱的干扰,而看重像章眼前的投资增值价值,忽视长远的像章历史史料和文化艺术等价值。从长远和本质上看,像章作为一种历史遗物,记载在像章身上的历史史实和凝固在像章上的文化烙印是不会变的,是真正体现像章价值的主要部分,并随历史的发展,将越来越珍贵,其价值也越来越大。因此,选定专题像章收藏,既要考虑眼前,又要考虑长远;既要考虑专题像章的综合价值,又要突出考虑其历史价值和艺术价值。

二,明确专题像章的主要收藏范围

一般像章收藏者,只重视收藏像章,忽视与像章有关的资料、有用信息的收藏,这是对像章收藏的误解,也严重影响像章收藏研究向高水平发展。为充分体现专题像章收藏的意义与价值,专题像章收藏范围主要包括以下几个方面。

首先,符合专题像章主题需要的各类主题像章。

各类主题像章,即指不同时期、不同材质、不同主题的独立章、对章、套章或系列章,凡符合专题像章主题需要的,均可直接收入专题像章中。值得注意的是,在某些对章、套章或系列章中,有时只有一枚或几枚像章的主题符合专题像章主题需要,而其他像章并不符合专题收藏主题的需要,那么,就只能收入符合专题像章主题需要的像章,舍去不符合需要的像章。

其次,载有专题需要的各种有用信息的像章。

各种有用信息像章,即指不同时期、不同材质、不同主题的独立章、对章、套章或系列章,在不符合专题像章主题需要的情况下,但某些像章上载有符合专题像章主题需要的有用信息的独立章、对章、套章或系列章,也可收入专题像章收藏之中。

另外,与专题像章有关的各种实物资料。

各种实物资料,即指与像章制作发行有关的原始文件、像章设计图、文稿、像章模具、试制像章、半成品像章、错章、像章包装袋、盒、定位板以及记载史实的文字资料、照片、图片、图书及与史实相关的其他实物资料等。

三,专题像章收藏的基本要求

专题像章收藏虽无固定模式与统一规定,但一部好的专题像章收藏,从其专题像章收藏伊始,就应有一周密的规划、合理的安排。衡量专题像章收藏成功与否的基本要求有以下几点。

第一,专题像章收藏的编排要有科学性。

不同的专题像章,有不同的编排形式,就是同一专题,因不同的收藏者收藏像章与资料的不同,也会有不同专题像章编排。但总的要求是:专题像章的编排应有科学性,即应以专题像章主题为主,通过像章之间的关联性,集中、连续地展示某一段史实或某一方面的事物,做到主题突出,主次分明,精品像章与普通像章相呼应,像章、有关实物与相关资料相结合。

第二,专题像章收藏要有知识性。

像章作为历史遗物,每枚像章的图、文都记载着一定内容或史实。因此,专题像章收藏,不仅要注重像章的外在因素(即像章的材质、形状、规格、正背面图文等)的介绍与展示,而且要对像章图、文反映的内容与内涵(如事物特点,史实的背景、真相、意义与历史价值等)做深入的介绍与研究,以充分体现专题像章收藏的知识性。

第三,专题像章收藏应注重学术性。

专题像章收藏作为今后像章收藏的大方向与主流,目前只是刚刚起步,许多专题像章收藏的专门知识有待挖掘和完善。因此,在专题像章收藏的同时,要注意专题像章收藏专门知识的交流与介绍,以促进专题像章收藏的健康发展。

第四,专题像章收藏的扩展。

任何专题像章的收藏,不仅要看到此专题像章当前的收藏价值与可能性,也要想到此专题像章收藏价值今后存在时间的长短,即应预测此专题像章收藏的发展潜力。一般而言,一部好的专题像章收藏,不仅要投资小、见效快、价值存在时间长,而且要有向纵横扩展的空间,其价值随时间的延续而不断增值,并能在历史长河或某一领域中占有一席之地。

综上所述,只是简单介绍了专题像章收藏的概念及基本知识,但如何运用这些基本知识,进行专题像章收藏,还有待研究讨论。

毛泽东手书专题像章的分类与赏析

毛泽东手书像章是指毛泽东像章(以下简称"像章")的正面或背面有毛泽东手书铭文的像章。

在像章家族中,手书像章具有极高的艺术、史料价值,重要的收藏、研究价值,是众多收藏者喜爱收藏的一大专题。

众所周知,传世伟人毛泽东同志,是20世纪伟大的无产阶级革命家、思想家、政治家,同时,毛泽东同志经历数十年对书法艺术浓厚的兴趣与爱好,长期坚持不懈地探求与研习,积淀了深厚的书法艺术修养,独创了自成体系的书法艺术风格,登上了书法艺术的殿堂,是20世纪颇负盛名的大书法家之一。

毛泽东同志在半个多世纪的革命生涯中,留下了无以计数的书法艺术墨宝,而移植在像章上的手书艺术墨宝并不多。目前已发现的有100多种毛泽东手书像章,其上手书最早始于1925年,最迟是1968年,它涵盖了政治、军事、科技、文化艺术,工、农、商、学、兵等多个领域的方方面面。

对现已发现的100多种手书像章,按其内容与用途,可分以下8类,现分别简介如下。

第一类,毛泽东手书诗词像章

毛泽东手书诗词像章,是指像章正面或背面有毛泽东手书的自作全首诗词或部分诗词铭文的像章。

毛泽东一生创作的诗词作品较多,但目前已知,仅有22首毛泽东诗词(注:其中有3首手书诗词在书法界有争论)移植在毛泽东诗词像章上,(见图(169—171)。其中,最早的《沁园春·长沙》创作于1925年,最晚的《满江红·和郭沫若同志》创作于1963年。此22首诗词,每一首诗词都表达着作者当时的革命情怀,记载着一段历史,将这些诗词连

图 169—171

起来,既从一个侧面反映毛泽东同志一生的缩影,又从另一个侧面记载着中国革命建设的历史。

在众多毛泽东手书诗词像章中,基本可分两种形式:一种是以毛泽东全首诗词为主题制作的像章,另一种是以毛泽东诗词断句制作的像章。而后一种手书像章数量要远多于前一种像章的数量。因此,无论从内容,还是从质量与数量上,一般而言,毛泽东全首诗词手书像章在综合价值上都高于毛泽东诗词断句像章。在毛泽东全首诗词像章中独立章较多,而对章、套章较少。据目前所知,最具代表性的毛泽东全首诗词像章,是"文革"中由石家庄东方红像章厂制作的3套毛泽东34首诗词像章(两套为铝质,一套为塑料。注意:34枚毛泽东全首诗词塑料套章,已出现假套章)。每套像章中均有22枚毛泽东手书全首诗词像章。在一套像章中制作如此多的毛泽东手书全首诗词像章,这在所有像章中是绝无仅有的。特别是两套铝质毛泽东全首诗词套章,科技含量较高,制作精美,更因其具有历史史料价值、文化艺术价值、鉴赏教育价值、收藏研究价值和收藏投资价值等多元价值集于一身的特点,而倍受收藏者宠爱。

第二类,毛泽东手书题词像章

毛泽东同志生前十分关心党、政、军、国家的政治经济、科学技术、文教卫生、青年、妇女、儿童等各方面的工作，因此，毛泽东一生为此手书了大量题词，其内容十分丰富而宽泛。毛泽东题词手书移植在像章上的也不多见，约50余种题词，其中最早的"忠诚党的教育事业"题词于1937年，最晚的"努力办好广播，为全中国人民和全世界人民服务"题词于1965年。另有"为人民服务"、"努力前进打日本救中国"、"救死扶伤，实行革命的人道主义"、"你们是科学的千里眼顺风耳"、"一定要把淮河修好"、"学习、奋斗"、"发展体育运动，增强人民体质"、"一定要根治海河"、"发扬革命传统，争取更大光荣"、"为了反对帝国主义侵略，我们要建设强大的海军"、"向雷锋同志学习"等等（见图172—174）。

毛泽东同志的每一题词，都经过认真的思考，赋予深刻的内涵，真实而生动地记载着他的科学预见、精辟论断、热情鼓励、谆谆教导。毛泽东同志的题词曾产生过、必将继续产生深远的影响。毛泽东20世纪40年代手书的"为人民服务"，已在我党、我军、我国人民心中扎根，并体现在"三个代表"思想之中；毛泽东同

图 172-174

图 175—177

志50年代手书的"发展体育运动,增强人民体质"的题词,是新中国开展体育工作,发展体育运动的指导方针。50多年来,新中国体育运动取得了辉煌的成就,中国体育健儿在世界赛场摘金、夺冠的拼搏场面,升国旗、奏国歌的激动时刻,屡见不鲜,特别是2001年7月13日中国申奥成功,中国人的百年期盼,梦想成真,每念于此,我们就会想起50年前,毛泽东同志手书的"发展体育运动,增强人民体质"题词! 1963年3月5日,发表了毛泽东同志手书"向雷锋同志学习"题词,从此,雷锋的名字从中国传向了世界,雷锋精神受到世人普遍的赞扬。40多年来,一个学习雷锋的群众运动在中国普遍开展起来,至今数十年长久不衰,全国各行各业涌现出了成千上万的学习雷锋的先进集体和个人,社会上形成了学习雷锋的良好社会风气。因此,我们有理由说,用这些光彩夺目、气势磅礴的毛泽东手书题词制作的像章,教育于人,激励于人,给人以美的享受和心灵的洗涤,它将与题词一样,流传于世。

第三类,毛泽东手书题字像章

毛泽东手书题字像章,是指像章正面或背面有毛泽东针对特指的事物,手书只含这一事物本身含义的铭文像章。

毛泽东生前题字的范围极广,而移植在像章上的毛泽东题字却不多,据目前笔者所知,约30种左右(见图175—177)。其中,移植在像章上的毛泽东手书题字,最早书于1939年的"新华书店",最晚书于1967年的"光明日报"。按其用途区分有以下几种:(1)为报刊题报刊头,如"人民邮电"、"人民日报"、"解放军报"、"北京日报"、"解放日报"、"新华日报"、"中国妇女"、"中国青年";(2)为单位题字,如"北京大学"、"清华大学"、"交通大学"、"第一师范"、"新北大";(3)为革命遗址题字,如"遵义会议会址"、"船山学社";(4)为某一建筑物题字,如"爱晚亭"、"十三陵水库"、"北京站"等等。现如今,毛泽东的许多题字,不仅仍在使用着,而且成了这些报刊、学校、单位、纪念地、建筑物知名度的象征,而享誉全国乃至全世界;手书题字像章,也将被人们珍藏而流传下去。

第四类,毛泽东手书批示像章

毛泽东手书批示像章,是指像章正面或背面有毛泽东对某人或某事手书批示的铭文像章。

毛泽东作为党、国家的主要领导人,多年来公务繁忙,日理万机,一生批阅过大量文件、报告、信函。其上留下了许多珍贵的墨迹,但移植在手书像章上的毛泽东批示手书并不多见,笔者目前所知手书批示像章仅为几种。此几种手书批示像章上的批示,均具有短小精悍,观点鲜明,内容具体,富于哲理,极具感召力。如"加强纪律性,革命无不胜"、"全力以赴,务歼入侵之敌"等批示(见图178),已成为我军的行动准则;"卑贱者最聪明,高贵者最愚蠢",既是对脚踏实地、勤奋务实人们的褒奖,又是对夸夸其谈、图有虚名者的严肃批评,这正是手书批示像章的魅力所在。

第五类,毛泽东手书书信像章

毛泽东手书书信像章,是指像章正面或背面铭有毛泽东写给某

图 178

图 179 正反面

些人或某单位信函的像章。据1985年《档案工作》第二期介绍,截至1984年12月,中央档案馆收集到的毛泽东书信手稿及相关资料达1500余件。但这并不是毛泽东一生书信的全部,在长期革命战争的艰苦环境中,毛泽东同志的许多书信已失落。目前公开发表的毛泽东手书书信较少,而用毛泽东手书书信为主题制作的像章则更少,目前笔者已见过的不到10种。其中,最早的是1937年10月22日,毛泽东为"抗大"新校舍建成,给"抗大"信中写到的"红军在世界上是无敌的"手书书信像章,此章较罕见,也较珍贵;最晚是1965年2月4日,毛泽东给修建北京地铁领导小组组长杨勇将军的一封信中写到的"精心设计,精心施工。在建设过程中,一定会有不少错误、失败,随时注意纠正"手书书信像章(见图179正反面)。观赏这些手书书信像章,既是一种艺术享受,又为凝固在像章上的历史而感动。

第六类,毛泽东手书文稿像章

毛泽东手书文稿像章,是指像章正面或背面有毛泽东手书著作内容或标题的铭文像章。

毛泽东一生写了许多重要著作,如大家熟知的《毛泽东选集》1—4卷、《毛泽东文集》等,他起草了许多文件、作战电报,为报刊、电台撰写过社论、广播稿、发刊词等。然而,这些文稿手书真迹发表的并不多,而用其移植制作手书文稿像章的则更稀少。目前笔者所知,1969年香港九龙罐头酒业公司,以1940年2月10日毛泽东在《新中华报》发表的"强调团结与进步"一文标题为主题制作了一种手书文稿像章（见图8）。由于此章内涵丰富，意义重大，制作精美，品种独特，数量稀少，因而颇受人们青睐。

图180

第七类，毛泽东手书书录像章

毛泽东手书书录像章，是指像章正面或背面有毛泽东手书他人文稿的铭文像章。

作为一个伟大的书法家和诗人，工作之余，含情吟诗，舒怀练书，自娱自乐是毛泽东的一大爱好。毛泽东手书古诗词，上至战国时的宋玉、下至清末的林则徐；手书现代诗词，远者有鲁迅，近者有陈毅、叶剑英等。仅《毛泽东手书古诗词选》一书就收录了毛泽东五六十年代手书的古诗词177首。但可惜的是以此为主题制作的手书书录像章极少。目前仅见用毛泽东1961年手书的唐代诗人王勃的"海内存知己，天涯若比邻"名句制作的手书书录像章一种（见图180）。

第八类，毛泽东手书碑文像章

毛泽东手书碑文像章，是指像章正面或背面有毛泽东手书碑文的铭文像章。

在长期的革命战争中，有无数的先烈为了人民的解放、民族的独立牺牲了。为了追怀先烈，毛泽东为多处烈士纪念塔、堂手书碑文。如1949年6月，毛泽东为山东烈士纪念塔手书"革命烈士纪念塔"；1949年9月30日为人民英雄纪念碑起草碑文："三年以来，在人民解放战争和人民革命中牺牲的人民英雄们永垂不朽！三十年以来，在人民解放战争和人民革命中牺牲的人民英雄永垂不朽！由此上溯到一千八百四十年，从那时起为了反对内外敌人，争取民族独立和人民自由幸福，在历次斗争中牺牲的人民英雄永垂不朽！"，并手写"人民英雄纪念碑";1953年为江西革命烈士纪念堂手书"英勇牺牲的烈士们千古 无上光荣";1959年又手书了"二七烈士纪念塔"等。而目前发现的唯一一种手书碑文像章上的碑文,要早于上述所有碑文,即以1946年毛泽东为东北烈士纪念塔手书的"共产主义是不可抗御的!星星之火,可以燎原!死难烈士万岁!"中的"共产主义是不可抗御的"一语为主题制作的像章(见图155)。

综观上述八类100多种毛泽东手书像章,可以清楚地看到前三类手书像章品种较多,而后五类品种较少,但把毛泽东手书像章作为一个整体看,我们可以得出以下两个结论:

其一,毛泽东的书法艺术,既不为书法而书法,也不为艺术而艺术。在长期革命生涯中,毛泽东始终坚持书法艺术与革命实践相结合,为社会、为人民服务,这与他终生献身无产阶级革命事业的理想是一致的,是与他倡导的"文艺为工农兵服务"的思想是一致的。

其二,收藏研究毛泽东手书像章,既可从纯艺术的角度,了解毛泽东书法的用笔、结构、章法与墨法,以及毛泽东书法由楷书到行书,由行书到草书的发展变化史,又可以从一个侧面了解毛泽东的革命人生以及与毛泽东有关的一段中国革命建设史。

九、收藏研究相结合

一个成功的收藏者,必须做到收藏与研究并重。只收藏不研究,即使你的藏品再多,但无藏识,也不是一个真正的收藏者,充其量只能算是一个保管员;只研究不收藏,即使你有丰富的藏品知识,可以写出有见地的文章,但无藏品,也不能称其为收藏者,只能算是一个鉴赏者而已。

在像章收藏界,对早期像章的界定,一直都有两种不同的认识:一种认为,新中国成立前制作发行的像章为早期像章;另一种认为,"文革"前制作发行的像章为早期像章。对此,我是赞同前者意见的,并发表了《早期像章不可一概而论》一文,阐述了我的四点理由。

早期像章不可一概而论

毛泽东像章(以下简称"像章")现行分类法各种各样,其中时间分类法是较为重要的一种。这种方法以像章制作的年代作为分类标准,它是像章分类法中最基本、最重要的分类方法之一。目前藏界在运用时间分类法中,主要有两种不同的时间划分标准,即三段分与四段分。三段分者认为:像章应分为早期像章(即"文革"前制作的像章)、"文革"像章(即"文革"中制作的像章)、晚期像章(即"文革"后制作的像章);四段分者认为:像章应分早期像章(即新中国成立前制作的像章)、中期像章(即建国后至"文革"前制作的像章)、"文革"像章、晚期像章(同上)。不难看出三段分者与四段分者的主要分歧是如何对早期像章的时间界定。

笔者认为,对早期像章的时间界定,不是一个简单的时间划分标准问题,而是关系到整个像章的收藏与研究,关系到整个像章的历史地位与作用,关系到整个像章的综合价值的评估。为此,现就早期像章的界定,谈点个人看法。

据对目前已发现的千余种"文革"前制作像章的初步考证,四段分者将"文革"前制作的像章一分为二,即1949年9月30日以前制作的像章界定为早期像章,1949年10月1日至1966年5月15日之间制作的像章称为中期像章,是符合像章发展历史的,是客观而科学的。其依据不仅因为早、中期像章在制作时间的明显差别,更主要的是早、中期像章之间有着许多本质区别。

第一,像章材质、存世品种、数量相差悬殊。早期像章制作于建国前艰苦的战争年代,像章多用废旧金属、胶片、纸板等加工而成,以贵金属为原料制作的像章较少。中期像章制作于建国初的经济恢复发展时期,金属铜成为中期像章的主要材料,而且出现了数十种金、银类贵金属像章。另外,据目前已知早期像章(含国家博物馆、纪念馆的藏品),存世品种不足百种,存世数量约数百枚左右;而中期像章目前已发现存世品种千种以上,存世量更是成千上万,如中苏友好会员证章、抗美援朝纪念章的存世量达万枚以上。这就是说,早、中期像章,在材质、存世品种、数量等方面相差悬殊,不能等同视之。

第二,像章制作发行地域不同。从现有的像章实物及相关资料证明,革命圣地延安是像章的发源地。1945年前的早期像章,多数是由陕甘宁边区政府及驻延安的中央党政机关、部队制作发行的。随着革命的发展,像章也在各革命根据地和解放区先后出现了。但从总体上看，早期像章制作发行主要集中在中国共产党领导的边区、根据地和解放区，而国民党统治的地区至今未发现有制作发行像章的。而建国后的中期像章，全国各省、市、自治区均制作发行过。从像章制作发行地域看，早期像章是有限的，而中期像章相对要宽广得多，两者相差甚大，致使收藏早期像章的难度远远大于收藏中期像章。

第三，像章史料价值大小不同。据已发现的早期像章而言，绝大多数反映的均是中国共产党领导的长征、抗日战争、解放战争时期的一些重大历史事件，对佐证、研究上述时期的党史、军史及革命史都有重要的文物价值；而中期像章，30%以上为无史实价值的一般普通像章，60%以上为企事业单位、机关、学校等制发的纪念像章，其中劳模、先进生产者及其表彰会议纪念章居多，仅有极少数像章是反映当时重大事件的。因此，就早、中期像章整体比较而言，早期像章的材质逊色于中期像章，但其综合价值却远远要大于中期像章。

第四，像章收藏价值不同。早期像章因为存量少，价值高，因而绝大部分均为国家博物馆、纪念馆等文博机构收藏，少数散落在民间的早期像章，已成为中外收藏家争相收购的高价之宝，而中期像章其制作年代为建国后，存世品种、数量较多，与早期像章相比，史料、文物综合价值相差较大，故至今能被列为国家文物的屈指可数，绝大多数目前只在民间作为大众收藏品而收藏。

综上所述，早期像章与中期像章在珍罕程度、史料价值、文物价值、收藏价值、研究价值、经济价值等方面均不可同日而语，混为一谈。因此，按时间分类法，将"文革"前制作的像章划分为早期像章和中期像章两部分是恰当的；将早期像章界定为1949年9月30日以前制作的像章的时间标准是准确和科学的。

像章何时诞生?为什么会在中国诞生?它的历史渊源是什么?这些都是像章理论中的重大课题,而这些课题都与早期像章有关。因此,从早期像章的时间界定开始,从早期像章的种类、内容、特点入手,回答上述问题,是《早期毛泽东像章探寻》一文的主要目的。

早期毛泽东像章探寻

毛泽东像章(以下简称"像章")在中国诞生已有半个多世纪了!像章为什么会在中国诞生,它的历史渊源是什么,何为第一枚像章等等,这些都是收藏界十分关注的重大学术课题。而这些学术课题都与什么是早期毛泽东像章(以下简称"早期像章"),早期像章的种类、内容及特点等有着直接的联系。为此,笔者结合近年收藏界对早期像章收藏与研究的相关问题,谈点个人看法,可谓抛砖引玉,希望藏友斧正。

一、早期像章概念种种之我见

像章现行分类,因其分类标准不同产生了各种各样的分类方法,其中一种为时间分类法。这种分类方法以像章制作的年代(时间)作为分类标准。它是像章分类法中最常见、最基本、最重要的分类方法之一。目前,收藏界在运用时间分类法,对像章整体划分时,主要有以下几种观点。

其一,宋一凡先生在1993年编著的《毛泽东像章珍品集》一书中认为,1947年至"文革"前为早期像章;1966年至1976年为"文革"像章;1976年至1993年为后期像章。

其二,鲁娜女士1993年编著的《毛泽东像章收藏与鉴赏》一书中认为,"文革"前制作的像章为早期像章;"文革"中制作的像章为"文革"像章;"文革"结束后的像章为"文革"后像章。

其三,1993年9月,日本收藏家樱井澄夫在《收藏》杂志发表的《早期毛泽东像章刍议》一文称,"文革"前的像章应为早期像章。

其四,蒋永健先生1995年1月,在《当代文物》民刊上发表的《谈毛泽东像章的分类》一文中认为,毛泽东像章按时间分主要可分为(1)"文革"前为早期章,(2)"文革"章,(3)"文革"结束后为近期章。

其五,苏景芝先生于1998年5月至2000年8月,在《徽章研究》民刊上连续发表了《早期毛泽东像章制作概况》一文,文中对早期毛泽东像章概念未作具体表述,但就其文章内容可知苏先生将"文革"前的毛泽东像章称为早期像章。

其六,许韧先生1993年编著的《毛泽东像章纵横谈》一书中认为,按时间顺序,毛泽东像章可分为四个时期:即,(1)延安时期的毛泽东像章;(2)建国初期的毛泽东像章;(3)"文革"时期的毛泽东像章,(4)当今的毛泽东像章。

其七,黄淼鑫先生1993在《毛泽东像章收藏图鉴》一书中认为,毛泽东像章的制作与发行,按时间可分为以下四大阶段:(1)1937年—1949年10月1日前称为解放前的毛泽东像章;(2)1949年10月1日—1965年称为解放后毛泽东像章;(3)1966年—1976年称为"文革"像章;(4)1976年—1993年为近期像章。

从上述七位用时间分类法,对像章整体分类时,其分段时间标准不同,称谓也不同。但归纳起来主要有两种不同的时间划分标准,即三段分与四段分。它们的不同,又在于对早期像章的时间界定不一,前者认为"文革"前制作的像章统称为早期像章,而后者认为,只有建国前制作的像章,才能称为早期像章,建国后至"文革"前制作的像章,只能称中期像章。笔者是同意后者观点的,因为早、中期像章在像章材质、制作数量、存世数量,制作地域、史料价值、收藏价值等方面都有本质的不同,不能将早、中期像章混为一谈。按时间划分,1949年9月30日以前制作的像章称为早期像章是准确和科学的。

二、早期像章的分类、内容与特点简介

在正确划定早期像章的时间界线的基础上,对已发现的数百种早期像章进行适当的分类，了解其外部特征与基本内容，是有目的地收藏研究早期像章，探寻早期像章种种奥秘的前提。为此，现将已知的早期像章作如下分类简介。

（一）肖像像章

肖像像章是指像章正面只有毛泽东或毛泽东与朱德等人的肖像，像章正、背面无图文注明制作主题内容的像章。此类像章又可分为两部分：其一是已知像章制作时间、目的、甚至是制作的人员及相关情况。如凌子风为"七大"主席团制作的像章。中共"七大"后，延安流行的两种纪念"七大"的红白色相间的圆形像章（见图181）等，对这部分早期像章，今后的任务是向更广、更深层次研究探讨。其二是不知道像章制作时间、目的，更不知何人、何时、为何制作的。此部分像章多藏于民间收藏者手中。目前认定这些早期像章的依据多以肖

图 181

像、材质、制作风格等特点为准。因此,这部分像章的考证、研究任务远大于上述早期像章。其原因之一,首先要找到证明像章为早期像章的依据(包括史料记载、人证、物证等),以防赝品、伪品混入早期像章。原因之二,要查清制作时间、背景、目的及制作人等相应情况,方能确立考证此章的基础,以便进一步深入研究。因此,这部分早期像章,考证研究的任务最为繁重、谜底最多,而其价值又难以确定,有可能如凌子风为"七大"主席团而制作的像章那样珍罕,也有可能是仅有一般价值的早期像章。

(二)题词、铭文像章

题词、铭文像章是指像章正面除有毛泽东肖像外,像章正面或背面有毛泽东题词或他人铭文的像章。此类像章也可分为两个部分。其一是以毛泽东手书题词为主题内容制作的像章,如以1944年毛泽东题词"为人民服务"制作的像章（见图128）,再如1944年5月为延安油矿矿长陈振夏同志题词"埋头苦干"制作的像章（见图129）。其二是像章正面有不同的铭文,如"学习"、"神枪手"、"将革命进行到底"等。此类像章的共同特点是多数像章未注明制作单位与时间。因此,对此类像章的考证只能以其题词或铭文为据进行深入的研究。例如,

图 128

图 129

据许韧先生在《延安是毛泽东像章发源地》一文介绍，"学习"像章上的毛泽东肖像，是用毛泽东的照片剪贴手工制成的，并最早出现在延安，它是伴随延安整风运动而产生的。目前已见"学习"像章达5~6种之多。另据广州李建和先生介绍，用毛泽东照片制成的"学习"像章是1943年中共中央党校颁发的"学习模范奖章"。尽管二者对同一主题内容相同的像章考证会有不同之处，但它共同证实了延安整风运动掀起的学习运动，是制作"学习"像章的主要历史背景。

(三)事件纪念像章

事件纪念像章是指像章正面或背面有纪念某一事件的图案或铭文的像章。此类像章仍可分为两部分。其一是像章图文清楚标明纪念事件的具体内容与时间，甚至标明像章制发机关单位与时间，如，1944年5月1日，陕甘宁边区政府召开的"边区工厂代表大会"，其纪念章上正面清晰可见"陕甘宁边区政府赠1944.5.1"；1944年10月10日，陕甘宁边区政府召开的"边区文教大会"，其纪念章正面清晰可见"陕甘宁边区政府赠1944.10.10"；1949年7月，在北平召开的"中华全国文学艺术工作者代表大会"，其像章上清晰可见"1949"。这部分像章，只要认真查阅有关历史资料，走访相关人员，搞清这些像章的来龙去脉是完全可能的。其二是像章图文对纪念事件的内容与时间表述笼统，甚至过于概念化，像章正、反面又无制作单位与时间，令人费解。如用清朝龙纹铜钱制作的"胜利纪念"像章(见图182)，目前收藏界认识不尽统一。一些人认为，从像章正面三人腐蚀铜版肖像分析，中间者为毛泽东，其左右两侧肖像，从面目及所戴帽子的不同可知，左侧为朱德，右侧为蒋介石，由此推断，该像章可能是

图182

抗战胜利后，国共双方谈判时由我军制作的庆祝抗战胜利的纪念章。另一些人则认为，像章正面三人腐蚀铜版肖像分别为毛泽东、朱德和林彪。但对何时、由何部门制作又有两种不同看法：一种认为此像章是辽沈战役胜利后，由东北野战军制作的；另一种认为此像章是"三大战役"胜利后，由第四野战军制作的。如1998年8月，苏景芝先生在《徽章研究》上发表的《早期毛泽东像章制作情况》一文中称："利用清朝留存下的龙纹铜币抛光打磨后雕刻铸制的朱德、毛泽东、林彪三头像'胜利纪念'章，是为'三大战役'的全面胜利而制作的，至目前所见已达3种，均为'四野'铸制"。由此不难看出，事件纪念像章，其肖像、图文记载是否完整、准确，对于考证研究像章有着十分重要的作用。

(四)英模像章

英模像章是指像章正、背铭文记载有劳动模范、战斗英雄、先进工作(生产)者之类荣誉称号的像章。

从像章上的荣誉铭文看，此类像章可分两部分：其一，多数像章记载了具体的奖励内容与名称，如中央直属、军委直属生产委员会颁发的"劳动英雄奖章"；中共军委会颁发的"战斗英雄奖章"(见图17)；中共中央军委骑兵旅司令部、政治部颁发的"模范生产工作者奖章"；中共中央留守兵团司令部、政治部颁发的"模范学习工作者"奖章等。其二，少数像章上的铭文，无具体的奖励内容与名称，如边区文教大会纪念章等。

图 17

从像章上颁发的时间、铭文看，此类像章又可分为两部分：其一，多数像章上无颁发时间，如上述所列各英雄奖章及警三旅第二届冬训颁发的"反攻先锋奖章"、东北民主联军第四分区颁发的"扩军模范奖章"等。其二，少数像章上清晰铭记了英雄奖章的颁发时

图50

间，如"1943年、南泥湾劳动英雄"奖章（见图50）；1944年12月21日至1945年1月14日召开的"陕甘宁边区劳动英雄模范工作者大会"像章上，铭文为"1945.1"的字样。这里需要说明的有以下两点。

第一，许韧先生在《延安是毛泽东像章的发源地》一文中介绍，1943年359旅718团有李位等6位同志获劳动英雄称号。但据延安革命纪念馆"三五九旅劳动英雄合影"照片（见图12）记载有19位。由此不难推断，能够得到"南泥湾劳动英雄奖章"的最多不超19人。而据目前已发现的早期毛泽东英模奖章中，"南泥湾劳动英雄奖章"是颁发时间最早的一种。经过半个多世纪的风风雨雨，如今能完好保存下来的"南泥湾劳动英雄

图12

奖章"已是凤毛麟角。因此，这枚由延安革命纪念馆珍藏的"南泥湾劳动英雄奖章"，不仅具有珍贵的史料价值、研究价值，而且是一枚

不可多得的无价之宝。

第二,苏景芝先生在《早期毛泽东像章制作概况》(见《徽章钱币研究》1998第三期)一文介绍,"1943年11月,陕甘宁边区召开了劳动英雄模范工作者大会"。但据史料记载,此次大会是1944年12月21日至1945年1月14日在延安召开的。会议期间,毛泽东于1945年1月10日到会作了《必须学会做经济工作》一文。另外,据上面展示的"陕甘宁边区劳动英雄模范工作者大会"像章上的铭文,记载的也是"1945年1月",而不是1943年11月。

(五)校徽像章

校徽像章是指某学校佩戴的校徽上有毛泽东肖像的像章。

此类像章仍可分为两部分:其一,像章背面无编号等任何文字,如"延安大学"校徽。其二,像章背面有编号等文字,如"华北人民革命大学"校徽像章背面,除铭有"1428"编号外,还铭有"1949"字样(见图183正反面)。又如,原延安"中央党校"校务部会计、老干部王继堂同志介绍,1945年春,他领到一枚"中央党校"毛泽东像章校徽。它是用双层布料缝制的,规格为68×34毫米。像章采用石印着色,像章上下方分淡绿、橘红两色,上方淡绿色,左侧印有一颗五角星和"中央党校"四个字,下方橘红色,左侧印有职别和姓名,像章右侧淡绿、橘红两色之间印有毛泽东左侧头肖像;像间背面编号为红笔书写"483"号。这枚看似普通的

图183 正反面

校徽像章,王老先生已珍藏了半个世纪了。

三、毛泽东像章诞生的历史渊源

毛泽东像章在中国的诞生,不是偶然的,而是历史的必然。毛泽东像章的诞生与毛泽东有着直接的关系,即与毛泽东在中国共产党领袖地位的确立、毛泽东思想的形成,以及毛泽东在党内外、军内外及广大人民群众中享有崇高威望是直接相连的。也就是说,毛泽东像章的诞生与中国共产党的历史有千丝万缕的历史渊源。

众所周知,1927年秋收起义后,毛泽东、朱德领导在井冈山建立革命根据地的发展,农村根据地的扩大和土地革命的深入,使国民党感到极大的恐慌。为此,蒋介石于1930年底至1931年7月,连续向中央根据地发动了三次反革命"围剿"。但在毛泽东"诱敌深入,后发制人"的战略指挥下,红军粉碎了敌人的三次"围剿"。就在中央苏区得到巨大发展,并积极筹备成立中华苏维埃共和国之时,远在上海的王明,以中央名义给在1931年11月1日至6日召开的"中共中央苏区第一次代表大会"发来电报,批判毛泽东的"诱敌深入,后发制人"的战略,是一贯右倾机会主义等三大错误,撤销了毛泽东的中央苏区中央局代理书记职务,取消了毛泽东红一方面军总政委的职务。然而,由于毛泽东领导的三次反"围剿"连连取胜,在红军、在苏区赢得了崇高的声望和广泛的影响,故在此后成立的中华苏维埃共和国时,在党内、军内已无重要职务的毛泽东,仍然被选为中央执行委员会主席和人民委员主席。在"党指挥枪"的革命战争年代,遭受批判、排斥的毛泽东,在失去党内、军内的重要职务后,只能专做政府工作了。此后,在周恩来力推之下,1932年8月,恢复了毛泽东红一方面军总政委职务。对毛泽东的复职,也引来了前后方领导人物之间的矛盾。两个多月后的1932年10月26日,以博古为代表的中共临时中央正式撤销了毛泽东的红一方面军总政委的职务。而此时,中共临时中央指派张闻天"分管"政府工作,使毛泽东被架空而徒有政府主席的虚名。数月后的1933年2月,中共临时中央指派毛泽东负责领导"查田工作"。虽然此后的1934年1月15日至18日召开的中共六届五中全会上，毛泽东被选为13名政治局委员的最后一位，但在党内、军内并无实权，直到1934年10月长征前仍以政府主席身份在粤赣省的文武坝休息。而此时的红军在博古、国际代表李德"三人团"的冒险主义指挥下，第五次反"围剿"失败，红军被迫长征。长征开始后，无职无权的毛泽东成了真正的空头政府首脑随队长征。但毛泽东在长征中一直关注着中央红军的命运，特别是广昌、湘江失败后，红军上下不满了，毛泽东讲话了："要讨论失败的原因。"

1935年1月15日至17日，在中共召开的遵义会议上，以毛泽东为代表的绝大多数与会者，分析批判了博古、李德在军事指挥上犯了"先是冒险主义，继而是保守主义，然后是逃跑主义"的错误。接着，毛泽东就《中国革命战争的战略问题》作了重要发言。毛泽东理论联系实际的发言，博得绝大多数与会代表的支持。会议最后做了四项决定，即（一）毛泽东选为常委，（二）指定张闻天同志以毛泽东发言为基础，起草会议决议，（三）取消"三人团"，仍以最高军事首长朱德、周恩来为军事指挥者，（四）常委再进行适当分工。会后，周恩来、张闻天力推毛泽东接替博古的"中共中央总负责"。但鉴于种种原因，毛泽东推举张闻天于1935年2月5日接替博古，成了中共中央总负责。而1935年3月4日，中革委决定设立"前敌司令部"统一指挥红军，任命朱德为司令员，毛泽东为政治委员，这样毛泽东从此重掌军权。1935年3月12日，中央常委讨论成立了以"毛泽东、周恩来、王稼祥"三人组成的新"三人团"，新的"三人团"以毛泽东为首，毛泽东成了红军最高首长。在长征中，军事压倒一切，虽说党的总负责是张闻天，但作为红军最高首长及政治局常委的毛泽东，实际上已成为中共的领袖。李德在《中国纪事》一书中所说："在遵义会议之后的最初几年里，他（毛泽东）权位相对来说还不够稳固。"这主要来自两个方面，一方面是长征途中，张国焘另立中央，与中央争权；另一方面，长征胜利后，1937年11月王明从国外归来，想借在共产国际工作过的经历,争夺党的领袖地位。但在王明回国前,共产国际总书记兼管中国事务的季米特洛夫叮嘱王明:"你回国去并不代表(共产)国际,而且你长期离开中国,脱离中国革命实际,所以回去以后,要以谦虚的态度,尊重党的领导同志,中国党的领袖是毛泽东,不是你,你不要自封领袖。"特别是1938年9月29日,中共六届六中全会在延安召开,会上王稼祥传达了共产国际总书记季米特洛夫的指示:"要告诉全党,你们应该支持毛泽东同志为中国共产党的领导人,他是在中国革命实际斗争中锻炼出来的领袖,王明等人不要再争吵了。"当即张闻天提出推举毛泽东为中央总书记时,毛泽东未同意,并坚持张闻天任中共中央总负责。但此后,张闻天已开始渐渐将总负责的工作移交给毛泽东,只抓分管的宣传教育工作。王明也自觉风向不对,即于1938年10月20日撰文表示,要"如北辰而众星拱之"那样"统一团结在中央和毛泽东的周围"。1940年5月3日,王明又作了《学习毛泽东》的讲演,从此毛泽东在党内领袖的地位渐渐稳固起来。

1942年2月1日,毛泽东在延安中央大礼堂作了《整顿党的作风》的演说,从此开始了"延安整风运动"。1943年3月20日,中共中央政治局通过了《中央机构调整及精简决定》,《决定》指出,"政治局推定毛泽东同志为主席",从而结束了张闻天长达8年之久的中共中央总负责的职务,毛泽东正式成为中共领袖。

毛泽东担任中共主席之后,出于对领袖宣传的需要,时任中共中央宣传部长的凯丰制定了宣传毛泽东的计划。1943年4月22日,毛泽东对凯丰的宣传计划致信说:"我的思想(马列)自觉没有成熟,还是学习的时候,不是鼓吹的时候;要鼓吹只宜某些片断去鼓吹(例如整风文件中的几件),不宜作体系去鼓吹,因我的体系还没有成熟。"

毛泽东信中提及的"我的思想"、"我的体系"、"不是鼓吹的时候",一方面是因为此前毛泽东的著作只是零零散散地发表在报纸、杂志或作为党内文件印行,或单篇印成小册子,如在延安发行过《论持久战》、《新民主主义论》、《在延安文艺座谈会上的讲话》、《毛泽东救国言论选》《毛泽东言论选集》等。另一方面,此前已有人提出"毛泽东同志的思想"、"毛泽东同志的思想体系"等,如1941年3月,张如心同志撰文提出党的教育人才"应该是忠实于列宁、斯大林的思想,忠实于毛泽东同志的思想";1942年2月,张如心再次撰文提出,毛泽东的理论是"中国的马克思列宁主义"。1942年7月1日,陈毅撰文提出毛泽东的"思想体系",即"毛泽东同志领导的秋收暴动……主张以科学的头脑,科学方法对待马列主义中国化问题,主张世界革命的一般理论与中国革命的具体实践相结合,有了更具体完整的创获,正确的思想体系开始创立。"同日,《晋察冀日报》社长邓拓同志撰写了《纪念七一,全党学习掌握毛泽东主义》的社论。此后的1943年7月1日,王稼祥同志发表了《中国共产党与中国民族解放道路》一文,该文对中国共产党22年的历史加以概括,明确提出了"毛泽东思想"的概念,并对"毛泽东思想"作为一种理论体系加以论述。因此,从这个角度说,王稼祥是提出"毛泽东思想"的第一人。随后,1944年7月1日,邓拓选编的第一部《毛泽东选集》正式出版。

此时的毛泽东作为党的领袖地位已经完全巩固,毛泽东思想作为思想理论体系已经形成,毛泽东在党内外、军内外及广大人民群众中的威望空前提高。因此,1942年秋,陕西农民歌手李有源放声高歌"东方红"的出现及毛泽东像章的诞生也就是历史的必然了。

通过上述对毛泽东像章诞生历史渊源的回顾,我们可以得到如下几点认识:

第一,1935年1月遵义会议,是毛泽东确立领袖地位的起点,1938年9月中共六届六次会议,使毛泽东领袖地位得到巩固,1943年3月,毛泽东成为名副其实的中国共产党的领袖。

第二,1935年1月遵义会议,毛泽东思想被多数人认识,1937年至1940年,毛泽东思想在党内外广为传播,1942年延安整风时,毛泽东思想已深入人心,1943年毛泽东思想体系形成并被全党所接受。

第三,从理论到像章实物均证明,毛泽东像章发源地在延安的结论是正确的,第一枚毛泽东像章诞生于1940—1942年前后的结论,既符合毛泽东领袖地位形成的历史, 也符合中国共产党发展的史实。

早期像章在像章群体中,存世品种的数量很少,但史料价值极高,如同邮票中的"区票"一样,已被越来越多的收藏研究者关注。但是,由于早期像章量少难寻,价格较高,一般中国收藏者难以承受,对外国收藏者而言,其价格并不算高,故一些较有远见的外国收藏家,近年来在我国各地高价收购早期像章,其中卓有成效的当属日本收藏家樱井澄夫先生。而毛泽东像章在香港及其他国际市场一直走俏,早期像章则属毛泽东像章中凤毛麟角的罕见藏品,其价格更是十分昂贵。看到一些早期像章、特别是那些珍罕藏品流向国外,国内的收藏家感到十分惋惜,故某些有胆识、有实力的中国收藏家也加快了对早期像章的收藏步伐,其中浙江王德新,广州苏景芝、周祖赞等先生均是早期像章收藏的佼佼者。但令人遗憾的是,我国国家博物馆、纪念馆因某种原因未能发挥收藏与研究早期像章的主角作用,对此应引起国家有关部门的重视。同时,早期像章有着广阔的研究领域,而认定第一枚毛泽东像章只是其中的一个课题。但早期像章制作时间较早,保存下来的有关资料极少,致使早期毛泽东像章研究领域成为最困难的一个领域, 但又是一个最有价值的研究领域。因此,希望能有更多的有识之士关注早期毛泽东像章的收藏与研究。

众所周知,在像章套章中,"五个里程碑"套章多达数百种,近年价格一般在百元左右,好一点的数百元,最高也不会超过1000元。但在少数人的炒作下,许多人忽视套章的历史内涵与综合价值,过分强调套章外在美的艺术价值,出现了某些"五个里程碑"套章,只因造形奇特或工艺特殊,要价达到数千元或上万元;而具有丰富历史内涵和较高综合价值的"平型关大捷"、"上海一月革命胜利万岁"等套章,仍停留在百元左右的价位的现象。这种价格严重背离价值的不正常现象,除去炒作因素,最主要的是人们对如何认识、评价套章的价值,缺乏理性的认识,发表《无人喝彩的套章》一文,针对的就是这一不正常现象。

无人喝彩的套章

在藏界,谈到毛泽东像章套章,许多藏友如数家珍般地脱口而出的是"大小诗词"、"一片红"、"三机部正侧脸"、"上海大红旗"……一口气可数上10套、20套、甚至更多。但却不会提到"上海工人革命造反总司令部"制作的"伟大的一月革命胜利万岁"套章(以上简称"工总司一月革命套章")。即便是上海藏友,多以"上海大红旗"引为自豪,赞美541厂套章,为上海警备区套章叫好,很少谈论"工总司一月革命套章"。偶尔涉及与"一月革命"有关像章,也很少看中"工总司一月革命套章"。不知为何,"工总司一月革命套章",成了无人喝彩的套章。然而,只要你本着尊重历史、承认历史、还原历史的眼光,认真审视"工总司一月革命套章",当你了解此套章的历史背景及记载的重大历史史实,你就会发现此套章从选题到取材、从设计到制作都有许多特别之处,使其具有极高的史料价值与研究价值。

一、"工总司一月革命套章"出笼的背景

"一月革命"是指"文革"期间张春桥、姚文元、王洪文等人以上海某些群众组织名义向上海市党政领导机关进行的所谓夺权行动。1967年1月8日,张春桥、姚文元、王洪文成立上海市抓革命、促生产火线指挥部,以代替中共上海市委和上海市人委,实为夺权。从此,上海市的党政权力落入张春桥、姚文元、王洪文等人手中。11日,根据毛泽东的意见,由中央文革小组起草,以中共中央、国务院、中央军委、中央文革的名义给上海"工总司"等造反组织发去贺电,支持《紧急通告》,实为支持"一月革命",并号召全国向上海学习。从此"一月革命"夺权行动波及全国。2月5日,张春桥、姚文元、王洪文等策划的上海人民公社成立(后易名"上海市革命委员会")。成立大会上,张春桥代表中央文革小组讲话,同时宣布:"根据中央文革小组建议,并且得到发起成立上海人民公社的各革命造反组织的同意,姚文元和我两个人即日起参加上海人民公社临时委员会的工作。"会后,张春桥主持了上海人民公社成立后新领导班子会议。他说,上海人民公社的成立,是具有划时代意义的胜利。为此,明天我们必须发表一篇社论,这篇社论由姚文元及市委写作班子等同志负责。同时,我们还必须设计一种具有纪念意义和历史价值的毛主席像章,这个任务由王洪文完成。王洪文领回任务,即连夜召开紧急会议,组织力量设计,加班加点赶制,很快生产出一批"毛主席万岁"像章。张春桥看着这枚像章,不满地对王洪文说:这枚像章从图案到色彩都不错,但没有突出"一月革命胜利"。我们制作的像章应该突出"一月革命伟大胜利"这一主旋律。王洪文听了张春桥的批评,方知张春桥所说的设计一种具有纪念意义和历史价值的毛主席像章的真正含义。此后,才有了我们今天谈论的这套"工总司一月革命套章"(见图184—186)。

二、"工总司一月革命套章"简介

此套章共3枚,编号、铝材制作。第一枚直径46.5mm,正面上方是毛泽东左侧头浮雕、放光芒肖像,肖像下方有一支火炬、一列火车,

图 184-186

一面红旗,红旗上铭有"红卫兵"、"造反队"字样;第二枚直径仍为
46.5mm,正面上方仍是毛泽东左侧头、浮雕、放光芒肖像,肖像下方
是上海外滩上海市委、市政府大楼及在黄埔江中航行的"朝阳号"巨
轮;第三枚像章规格为50.5×52.5mm,正面上方是毛泽东戴军帽、领
章、左侧头浮雕放光芒肖像,肖像下方是上海人民广场一建筑物、9
面红旗及7朵葵花。三枚像章的背铭文除分别铭有"1"、"2"、"3"编号
外,其他铭文是相同的,即铭有"伟大的一月革命胜利万岁——中国
上海工人革命造反总司令部"。

三、"工总司一月革命套章"的特点

(一)主题突出,选材宽广

这套像章突出"一月革命伟大胜利"这一主题,全套像章背铭文
统一为"伟大的一月革命胜利万岁!"而在像章正面史实的选材上,除
第二枚像章重点介绍"一月革命"史实外,第一枚像章重点介绍由王
洪文等率上海工人革命造反总司令部挑起事端,并得到张春桥支持,
而轰动全国的安亭事件。这一事件是张春桥、王洪文合伙造反夺权的
第一次合作,为所谓"一月革命"造反夺权奠定了基础。因此,看似与
"一月革命"无关的第一枚"安亭事件"像章,却成了突出、拱托"一月
革命"主题不可缺少的一枚像章。第三枚像章,在记录"一月革命"后
建立上海人民公社的史实基础上,重点介绍"一月革命"给全国造反
夺权所带来的影响和效果,以此强化突出"一月革命"的主题。纵观此

套像章,以突出"一月革命"主题为中心,向前伸延到1966年11月张春桥、王洪文共同制造的安亭事件,向后扩展到1968年"全国山河一片红"乃至党的"九大"。由此可见,此套章为突出"一月革命"主题,在史实选材上十分宽广。

(二)内容集中,内涵丰富

这套像章中的每枚像章,在重点介绍一个史实的同时,将相关史实集中在一枚像章中共同展示,以丰富每枚像章的内涵。

第一枚像章主题图案为一列急驰的列车。它象征了王洪文一伙制造的安亭事件,列车周围被无数面"红卫兵"、"造反队"的红旗所包围,红旗上方又燃起一个大大的火炬。寓意由毛泽东发动的无产阶级文化革命,经"红卫兵"的造反运动,发展为灾难性的轰轰烈烈的造反夺权运动。

第二枚像章是这套章的核心。这枚章以1967年1月10日上海江南造船厂制造的万吨远洋巨轮"朝阳号"胜利下水为主图,既象征上海工人革命造反总司令部等造反组织《告上海全市人民书》中提出的"抓革命,促生产、彻底粉碎资产阶级反动路线新反扑""取得胜利",又象征上海"一月革命"取得胜利。为此,在"朝阳号"巨轮的后边有三面红旗及外滩上的上海市委、上海市人委大楼。寓意由张春桥、姚文元、王洪文三人为领导的"一月革命"夺取了上海市党政大夺,并公然称"一月革命"烈火,燃遍全国。

第三枚像章,下部边缘有半边齿轮,象征上海工人革命造反总司令部等造反组织。图案中还有上海人民广场上的一座建筑物及旗杆上的灯笼,寓意上海人民公社在上海人民广场隆重成立,而用七朵葵花(象征当时全国有七亿人口)和九面红旗(象征即将召开的中共"九大"),寓意"一月革命"烈火席卷全国,从上海人民公社成立至29个省、市、自治区成立革命委员会(台湾省除外,即称为全国山河一片红),同时全国人民又即将迎接党的九大召开。

(三)设计统一兼变化,制作精美与规范

纵观这套章,不仅突出了"一月革命"主题,史实选材宽广,内容集中,内涵丰富,而且做到了设计统一并兼有变化,制作精美又十分规范。

统一与变化:全套像章均以毛泽东左侧头像为统一,但前两枚为免冠肖像、圆形、规格相同并同是细光芒线衬托,而第三枚为戴军帽、领章肖像,托圆形、规格稍大,此为变化;三枚像章均有光芒射线为统一,前两枚像章光芒射线较细,第三枚像章光芒射线较粗,此为变化;前两枚像章形状、规格均相同,此为统一,而第三枚像章形状、规格均有别于前两枚,此为变化;三枚像章背铭文内容、字体、编号位置等均相同,此为统一,而编号序数不同,此为变化。

精美与规范:三枚像章的肖像十分逼真,凹凸感较强,特别是第三枚戴军帽、领章左侧头肖像,其毛泽东像的双眼炯炯有神、清晰可见,并有明显浮雕效果;三枚像章的构图,丰满而不杂乱,图案雕刻精细、形象,颇具空间感和层次感;像章铝材厚度统一、适中,冲压成形,层次分明,抛光洁净,电镀明亮、涂漆均匀、透明、牢固,整体效果极佳,充分显示了此套章设计、制作精美与规范的特色。

(四)狂妄的署名,独一无二的造反派套章

翻看"工总司一月革命套章"的背铭文,你会奇怪地发现在"上海工人革命造反总司令部"署名的上方有超大型的"中国"二字。众所周知,"文革"中,为对外宣传的需要,部分省市制作过署名"中国"、"中国北京"、"中国上海"、"中国江苏"、"中华人民共和国医疗队"、"中国广交会纪念"等像章。但据目前所知的千余种由群众组织制作的各种像章,还没有发现公然铭文以"中国×××"群众组织署名的像章。即使是上海工人革命造反总司令部,在1967年以前制作的各种像章(含"造反队"徽章),在其署名前均无"中国"二字,唯独在此套像章上,"上海工人革命造反总司令部"署名前加了超大型的"中国"二字。这也是目前已知数千套毛泽东像章套章中,较为突出的以造反派组织名义署名的套章。这是为什么?看来似谜,但此谜并不难解。仅从此套像章提供的"安亭事件"、"一月革命"等"文革"事件中，上海工人革命造反总司令部所扮演的特殊"角色"，已使它成为"文革"时期中国的第一大造反派组织，他们不仅掌握了上海各级党政大权，而他们的头头王洪文，与江青、张春桥、姚文元结成"四人帮"，从一普通工人一跃成为全国闻名的造反派头头，并挤进了中央委员会。想当年，真可谓不可一世。在这种情况下制作一套为自己树碑立传的像章，在"上海工人革命造反总司令部"署名前，狂妄地加上"中国"二字，也就不足为奇了！

（五）多元的史料价值与综合研究价值

"文革"10年，在5000年历史长河中，只是暂短一瞬。然而这10年，是最为特殊的10年，是值得探索的10年。毛泽东像章，作为历史的遗物，具有极高的史料价值与研究价值。仅就"工总司一月革命"套章而言，它记录了多元的"文革"史料，如部分"文革"重大事件，即"安亭事件"、"一月革命"等；部分"上海工人造反总司令部"造反史实；部分"四人帮"反革命史实等，是"四人帮"反革命罪恶的见证。总之这套像章为综合研究上述领域包括"文革"像章史提供了大量的信息与实物证据。

综上所述，从总体而言，毛泽东像章作为特殊的历史遗物，不是一般的艺术品。评价一枚、一对、或一套像章的价值，不能以市场价格为标准（市场价格受像章自身价值以外的诸多人为因素所左右），而应以像章的史料价值、艺术价值、收藏价值及研究价值等综合价值为依据。评价无人喝彩的"工总司一月革命套章"也应如此。

十、收藏之外话收藏

对一个收藏者而言,除了搞好个人收藏之外,关心、支持、参与与收藏有关的其他公益活动,为维护创造一个良好的收藏环境尽一份力,这既有利于个人收藏的提升,又有利于整个收藏事业的发展。

1998—1999年连续两年全国像章展评活动,对推动像章收藏事业的发展,功不可没。但也有人对展评活动中存在的种种问题,提出了质疑。如何正确认识民间展评的功过,在《谁给徽章评奖》一文中,谈了我们的看法。

●评选"十佳"、"优秀"徽章是提高民间收藏、鉴赏水平的有效方法

●这种评选必须具有权威性

●权威性来自公正性、科学性、指导性

谁给徽章评奖

1998年6月,河南省收藏协会像章专业委员会发起并承办了首届全国毛泽东像章"双十佳"评选活动;1999年12月,广东省收藏家协会徽章专业委员会承办了第二届全国徽(像)章评选活动。两次徽章(毛泽东像章是徽章中的一大类)评选均在全国收藏界产生了较为

广泛的影响,对民间徽章收藏活动起到了较好的推动作用,但是从发展的眼光看,类似的评选活动仍然有待完善、提高。

应当看到,在民间收藏活动日渐普及,收藏队伍不断壮大的今天,评选"十佳"、"最佳"、"优秀"收藏品,是引导民间收藏活动,提高广大收藏者鉴赏水平、收藏水平的有效方法。但是要想切实达到这种效果,评选活动必须强调权威性。作为民间自发组织的活动,在主观上,评选者应把树立评选的权威性放在首要位置;在客观上,这种活动的民间性为其树立真正意义上的权威提供了环境保障。

权威性要靠公正性来保障

一年一度的全国最佳邮票评选之所以会招致许多集邮者的非议,很重要的一点就是获奖邮票往往与当年的评选活动所在地之间存在各种各样的联系。民间藏品的评选活动,一定要充分体现公开、公平、公正的原则。在组织机构上,应由一个得到广泛认可的民间机构主办,沿用现行各地承办的形式。主办者切实做好监督、指导工作。其次,在制度建设上,必须制定一套完整可行的具体方法,如参评方法、评选标准、评选人员组成方法、奖励方法等等。在实施操作过程中,应力争收藏者的广泛参与,并大力加强评选过程的透明度。可以说,藏品评选的公正性是整个活动能否成功的关键因素。

权威性要靠科学性来体现

科学性与公正性是密不可分的,只有制定科学的运行机制、科学的操作方法,才能切实保证评奖活动的公正性。在具体的奖项评选过程中,同样应把民间收藏活动作为一项科学,以注重研究成果、注重历史价值的原则及态度进行评选。

目前,徽章(像章)展评主要应包括两方面;其一:单枚(套)徽章评选;其二,徽章展集评选。前者是在现行像章评选基础上,经规范完善后的评选。尽管如此,此种评选说到底只是对像章自身价值及设计、制作等水平的评选。而徽章展集的评选,是对收藏者以某一主题(专题)为中心,用多枚、多套像章组成的一部有思想、有内容、有价值的像章展集的评选。此种评选不仅包括了对像章自身价值及设计、制作等水平的评选，而且还包括对像章在展集中的地位、作用的评价。更重要的是，此种评选是对收藏参展者的收藏水平、鉴赏水平、组织编排水平、研究水平及展集价值的全面综合评价。由此看出，像章展集评选的意义、作用与价值，远远超过了单一的像章评选。因此，徽章评选的重点应由单枚(套)章评选转向展集评选。

权威性要靠指导性来树立

评选活动本身就是指导民间收藏的重要手段。这种活动在许多方面都应具体发挥指导民间收藏的作用。例如，重收藏轻研究是藏界普遍存在的一种倾向，徽章收藏也不例外。今日你可能对徽章一无所知，只要有钱，花上几万、几十万或几百万，买上上千上万徽章，明天你就可能被人称为徽章"收藏家"，甚至步入像章"收藏大家"的行列，但你对徽章知识又了解多少呢？藏界有句名言：只收藏不研究，只是保管员。收藏为研究开辟了广阔的天地，研究又推动、指导收藏向广度和深度发展。因此，在评选徽章过程中，举办有关研讨，百家争鸣，是取长补短、开阔眼界、增长知识、促进收藏与研究并举的有力措施。

（注：此文由徐舰与刘东升撰写）

2000年10月,第三届全国像章展评活动在北京举行。与会者普遍认为,这是一次成功的盛会。为此,在闭幕式上,我对此次盛会作了总结发言,并被多家报刊刊用(见图187)。

像章热京城　人旺事业兴
——第三届全国像章展评活动总结发言摘录

由中国收藏家协会徽章专业委员会主办的第三届全国毛泽东像章展评暨第二届全国徽章交流交换活动,于2000年10月3日至6日在北京报国寺举行。来自全国各地及港澳特别行政区的160多位代表及20多位列席代表参加了本次活动。毛泽东的儿媳邵华、孙子毛新宇为本次活动书写了贺词,女婿王景清代表其亲属亲临开幕式表示祝贺。参加开幕式的嘉宾还有原总政文化艺术局局长、毛泽东的秘书李静,为中共"七大"主席团成员制作毛泽东像章的著名电影导演凌子风的夫人韩兰芳,中国收藏家协会有关负责人王文祥等,以及中国革命博物馆研究员方孔木、季如迅等。

在本次活动中,丰富多彩、风格各异的像章展览,初次登场、跌宕起伏的像章拍卖,百花齐放、百家争鸣的像

图187

章学术研讨,各种类型、不同内涵的像章评选以及五花八门、各式各样的像章交流交换,使人们大开眼界。与会代表普遍认为:此次活动立体展示了全国毛泽东像章收藏、研究的现状,使像章收藏研究实现了全面突破,对全国未来像章收藏研究起到了示范作用;使与会人员丰富了藏品,提高了藏识,在像章收藏研究等多方面,受益匪浅,为今后收藏研究明确了方向,坚定了信心。

第一,首次举办的全国毛泽东像章专题展览,引人关注

自有毛泽东像章展览以来,地区性或个人展览屡见不鲜。但却从未见过全国性的毛泽东像章展览。第三届全国毛泽东像章展览是首次举办的全国性毛泽东像章大展。参展品来自北京、广东、河北、福建、上海、湖南、江苏、山东、内蒙古、辽宁、吉林、黑龙江等全国20个省、市、自治区及香港、澳门特别行政区,首次实现了跨地区的全国性毛泽东像章展览。此次展览的最大特点是突出专题毛泽东像章展。专题展览是专题收藏的具体展示,而专题收藏的兴起,标志着像章收藏界逐渐走向成熟。专题收藏代表着未来像章收藏研究的主流和方向。此次专题像章展为今后办展开了个好头。

第二,首次举办的全国毛泽东像章理论学术研讨,开历史之先河

众所周知,毛泽东像章诞生至今已有半个多世纪,它是一个新兴的收藏门类。普遍认可的收藏史不足20年,像章理论研究落后实物收藏的现象十分突出,像章收藏理论基本是块处女地,亟待开发。加快像章理论研究步伐,使像章收藏与研究同步发展,是像章收藏界的当务之急。因此,许多代表认为,此次召开的全国毛泽东像章理论学术研讨会,开历史之先河,不仅是及时的,而且是必要的,它将对未来像章收藏研究产生深远的影响。

本次研讨活动收到来自全国16个省市的来稿50余篇,其中选录29篇文章入围参评,并汇编成《毛泽东像章收藏学术研讨论文集》一书(见图188)。研讨会重点从5个方面进行了研讨,即毛泽东像章专题

毛泽东像章收藏学术研讨论文集

2000·10 北京

第三届毛泽东像章展评
暨第二届全国徽章交流交换活动
组织委员会编

图 188

研究、毛泽东像章评价研究、毛泽东像章基础理论研究、毛泽东像章鉴赏辨伪研究、毛泽东像章收藏现状与发展趋势研究等。通过研讨，与会代表普遍认为，此次研讨会基本反映了当时全国毛泽东像章收藏研究的现状与水平，而克服、纠正"重像章收藏、轻理论研究"的倾向，加大理论研究力度，是今年像章收藏界一项长期的任务

第三，首次制订的一套完整规范、客观科学的评选程序和标准，基本可行

决定一项评选工作成功与否的因素是多方面的，其中制订一套完整规范、客观科学的评选程序和标准是重要因素之一。毛泽东像章展评是本次活动的主题，但像章展览、学术研讨、像章评选等每项具体活动，在内容与形式上又具有不同的特点。为此，我们制订了每一活动均按预选与正式评选两个阶段进行，而正式评选阶段，又采用代表评选与专家、学者组成的评委会评选相结合的方法。每项活动都制订了具体的评选标准，而各项活动评比标准之间既有统一的联系又有区别。为确保本次各项评选活动按程序和标准，在公开、公平、公正的原则下进行，使评选结果更具有真实、可靠和权威性，本届评委会首次吸纳了像章收藏界以外的文博、新闻界的部分专家、学者担当评委。评选实践证明，本次活动制订的评选程序、标准是基本可行的，它为今后开展类似评选活动积累了经验，奠定了基础。

第四，首次全国毛泽东像章及毛泽东文化艺术收藏品拍卖基本成功

此次拍卖会之所以称为全国首次，其一，100项参拍品分别选自北京、上海、广州、河北、河南、湖北、安徽、江苏、四川、内蒙古、辽宁、黑龙江等全国12个省、市、自治区；其二，来自全国22个省、市、自治区及港澳特别行政区的300多位毛泽东像章爱好者、经营者参与竞拍。参拍品档次之高，竞拍者之多、之广，堪称全国首次。在100项拍品中毛泽东像章55项、毛泽东文化艺术收藏品29项、徽章16项。拍卖成交率为30%，成交额已超10万元人民币。最高成交价为3.3万元的原装盒

毛泽东诗词大套章，创造了当时全国毛泽东像章拍卖的最高成交价。而整场拍卖竞争最为激烈的当属竹制毛泽东肖像、语录笔筒，从无底价起拍，经20次轮翻竞价，终以1600元成交，成为本次拍卖的亮点之一。此次拍卖会的成功，为今后组织更大规模的拍卖活动积累了经验，奠定了基础。

第五，徽章(含毛泽东像章)交流交换活动，再次火爆京城

在本次活动开幕半个月前，已有部分外埠藏友、经营者赶至北京，租定摊位、扎寨设点，直到本次活动开幕前达到高潮。近千名来自全国各地的毛泽东像章爱好者、经营者齐聚报国寺文化市场，据不完全统计，仅10月1日至7日国庆假日期间，报国寺文化市场就接待各界人士达10万人次以上，仅徽章类的交易额就在60万元左右。整个报国寺文化市场成了以毛泽东像章为主角的大舞台，成了像章爱好者欢度自己盛大节日的福地。

第六，首次邀请国家文博机构的专家学者参与民间收藏研究活动，是一次有益尝试

此次活动得到国家文博机构的大力支持，中国革命博物馆特派方孔木、季如迅研究员和陈禹副研究员全程参与此次活动，并对此次活动进行直接指导，受到与会代表的热烈欢迎。文博专家全程参与此次活动，直接了解大量像章界收藏研究的第一手信息，而像章收藏爱好者又从文博专家、学者处学到一些文博知识，双方密切合作，为民间收藏与国家收藏之间架起了桥梁，并取得初步成效。

第七，开创性的综合像章展评活动，硕果累累

此次活动将毛泽东像章展览、研讨、评选、拍卖与交流交换等五项活动合为一体，有机结合、统一安排、全面亮相、立体展示毛泽东像章收藏研究的现状，是一种开创性的综合像章展评活动新模式。此次尝试，取得了一定经验，获得了预想的效果。

在此次展评活动中，"文革"原装盒、定位板套章获展览特别奖，早、中期毛泽东像章10个专题展览分获展览金、银、铜奖；《早期毛泽东像章探寻》等10篇论文获学术研讨金、银、铜、优秀奖；另外，早中期毛泽东像章、单枚像章、对章、套章、系列章、摆像等分别评出了十佳像章或金、银、铜奖。

在肯定此次活动成绩的同时，与会代表也指出了本次活动的不足。此次活动时间较短，内容多，致使参观展览、理论研讨时间不足，影响了展评、研讨效果。特别是像章评选时，只注重外观艳丽、内涵却一般的大型像章，忽视时代特点极强、内涵极为丰富的中、小型像章，致使一些综合价值较高的像章落选，而价值一般的像章却被选中。毛泽东像章是一种历史的见证物。如何评价一枚、一对、一套毛泽东像章的价值，这既是一个理论问题，也是一个实践问题，是每位收藏者都必须回答的具体问题。就毛泽东像章整体而言，它具有史料价值、文化艺术价值、观赏价值、实用价值、收藏价值、研究价值、经济价值等多元综合价值。但其中最主要的是两种价值，即史料价值与文化艺术价值。而两者相比，史料价值又是第一位的。因此，衡量像章优劣、价值高低应以其史料价值、文化艺术价值为主的综合价值为准。而仅凭像章外观大小、色泽艳丽与否或市场价格高低去评价像章的优劣、价值高低，是不科学、不客观、不全面的，当然也是不可取的。

2000年,一位收藏界的权威人士,发表了"艺术品市场允许有真有假"一语之后,即在收藏界引起轩然大波,并开展了一次大讨论。受《中国收藏》杂志主编徐舰之邀,我以《收藏市场必须打假》一文,亮出我的观点,参加了此次大讨论。

收藏市场必须打假

在我国,收藏品制假售假行为由来已久,历史上较大、较有影响的有宋、明、清末和20世纪80年代末至今的4次制假售假大逆流。每次制假售假出现之时,都是国家经济繁荣、社会安定的时期;每次制假售假都是以牟取不义之财为始,以害人害己又害国为终。纵观目前我国收藏品市场,从国家文物到珍贵陶瓷、书画、青铜器、古钱币等,从现代毛泽东像章到刚刚发行的邮票等,几乎所有值钱的收藏品,无一例外地受到制假售假逆流的困扰。因此,收藏品制假售假现象一直是一个令人关注的热点问题。特别是近年来,收藏品制假售假行为泛滥成灾,打假(本文是指打击以牟取不易之财从事收藏品制假售假的行为,非指另有他用的临摹、复制、仿制的收藏品)之声,不绝于耳。

目前,对收藏品打假的大方向是一致的,即使是主张现今艺术品市场允许有真有假、不赞成笼统打假的孙铁青老先生,也主张对少数情节恶劣、危害严重的作假者应该坚决依法惩处。但打假打什么,是打击制假售假行为,还是打击假收藏品,特别是对收藏品制假售假行为的产生、危害以及何时打假、如何打假等问题的认识存有分歧。收藏品制假售假行为是一个复杂的社会问题,它涉及到人们的价值观、道德观及法制观念;它涉及到社会的政治、经济、法律;它涉及一个国家的历史、文化等方方面面。因此,"收藏品打假"是一个巨大的社会工程。笔者认为,当务之急是排除收藏品打假的误区,统一人们对"收藏品打假"的认识。

1.收藏品制假售假行为是市场经济条件下的产物，但不是不可避免的产物。

面对无限的商机，人们可有两种致富的途径：一种是严守职业道德，不弄虚作假，以质论价，这叫"君子爱财取之有道"；另一种是不讲职业道德，弄虚作假，以假充真，以次充好，这叫"小人爱财取之黑心"。这就是说，在市场经济客观条件下，有出现收藏品制假、售假的可能性，但没有必然性。产生收藏品制假售假行为的原因是多方面的，有主观原因，也有客观原因；"人"是主观原因，市场经济、市场管理、法规制定等是客观原因。收藏品制假售假行为不取决于市场经济、市场管理、法规制定等客观条件，而取决于人的主观因素。所以，"小人"多，收藏品制假售假行为就严重一些，收藏品市场假品就多；"小人"少，收藏品制假售假行为就少一些，收藏品市场假品也少一些；如果没有了"小人"，当然也就没有了收藏品制假售假行为，收藏品市场就没有了假品，不过这只是一种理想而已。由此可见，收藏品制假售假不是市场经济条件下不可避免的必然产物，只要提高人们的职业道德，依法惩治爱财的"小人"，遏制或减少收藏品制假售假的行为，是完全可以办得到的。

2.收藏品制假售假者的目的是获取不义之财，只要有利可图，收藏品制假售假行为，就不会因市场竞争规律和顾客聪明慧眼鉴别而停止。

有人说，收藏品市场不能打假，真假由市场优胜劣汰竞争规律去解决；真假由顾客聪明的慧眼去鉴别。毛泽东同志曾形象地说："扫帚不到，灰尘照例不会自己跑掉。"同理，收藏品制假售假行为不打是不会自动停止的。历史也证明，没有哪一次制假售假逆流是因市场竞争规律而解决，因顾客慧眼鉴别而停止的。

但是，无论制假手法多么高明、伪装多么逼真，总会留下破绽。特别是制假者最怕识破其制假售假行为而心虚，因而不敢与真品叫板,不敢与真品同台比高低,而是尽量回避与真品竞争,采取主动降低身价,然后施展各种欺骗手段的方法,达到其获取不义之财的目的。如在江西某处的大大小小的店铺,摆满了各式各样的明清瓷器,无一真品,其价格自然不敢高标,因为他们都明白,这些所谓的明清瓷器,全部是赝品,只要能卖出去,有钱挣,也就知足了。所以,一只定窑印花小碗标价为150元,经侃价,二三十元即可买下。由此可见,那些想以市场优胜劣汰的竞争规律去解决打假的想法,是不现实的,也是不可能的。

另外,能够鉴别收藏品真假的"顾客"并不多,即使你能鉴别出收藏品真假,你可以不上当,可你不能阻挡制假、售假者,让众多不能鉴别出真假的顾客受骗上当。况且,收藏品鉴定,只是区分收藏品真假的一种方法,作为打击收藏品制假售假的一种手段是可行的,但它不能从根本上解决收藏品制假售假行为。

3.收藏品打假,会打不胜打、真假难辨、搞乱市场正常秩序吗?

本文开始即阐明,"收藏品打假"是指打击以牟取不义之财为目的的收藏品制假售假行为。诚然,就目前而言,收藏品打假的环境、条件、手段,特别是打假立法等并不完备,打假会有很多困难。但是,并不等于不能打假。据有关报道,某省海关一次查获数千枚"第11届亚运会"小全张一案,某市公安机关破获伪造"红楼梦"、"西厢记"等小型张犯罪团伙案,重庆破获肖建军伪造邮票价值逾亿元犯罪大案等,都有力地打击了收藏品市场的制假行为。当然,随着收藏品市场的不断发展,各类赝品仍然屡见不鲜,甚至出现了越打越假、假品越来越多的现象。但难道这是因为打假造成的吗?难道这种看似繁荣、靠假品支撑的收藏品市场秩序不该整顿、规范吗?

4.艺术品的历史是继承发展史,不是造假史;鉴定艺术品艺术水准的高下,不能代替收藏品打假。

有人说,艺术品的历史,像一部造假史;艺术品不在于真假,而在于艺术水准的高下。此语看似有理,但事实却是:艺术品的历史和人类历史一样,是一个不断继承发展的历史;艺术品不仅有艺术水准高下之分,更有真假之别。一名艺术家需经过学习、继承、模仿的过程,更需在此基础上的创造、发展过程,才能成为一个真正的艺术家。如果仅是继承模仿,而无发展,他的"艺术水准"再高,也只是一个工匠,绝成不了艺术家;其作品再逼真,也是一个模仿的假品、工艺品。试想,只有继承模仿而无创造、发展,那么,能有今天的收藏品百花齐放的局面吗? 正是由于艺术品的是继承发展的历史,才会出现有些造假品的艺术水准赶上、甚至超过了真品的现象,即使如此,它也不能改变艺术品的真假,不能代替艺术真假。因为艺术品除了具有艺术价值、经济价值外,它还有历史价值。艺术价值和经济价值,不等于历史价值,更不能代替历史价值,这是因为历史是不能篡改的。如张大千造假的石涛山水画,有的拍卖价超过了石涛真品的价位,人们买卖的只是张大千艺术品的价值,不是买卖石涛真品的价值。张大千模仿水准再高,出售价再高,也是仿造品,永远无法代替真品。也正因为如此,无论从哪个角度看,艺术品的历史是继承发展的,不是假造史;鉴定艺术品艺术水准的高下,不能代替艺术品打假,无论造假水准高下,价格高低,只要是以牟取暴利为目的的制假售假行为,都属打假的范围。

5.**收藏市场真真假假能锤炼、培育收藏者的说法,是一种本末倒置、片面夸大的说法,有误导之嫌,不利打假。**

任何一个成功的、成熟的收藏者,步入收藏领域之初,都是通过书本,或经人传授,或通过观看真品实物,了解真品的。只有在了解真品知识的基础上,收藏者才有可能在真真假假的藏市上,辨出真假,才能千锤百炼收藏者。不能设想,一个对真品一无所知的人,能靠买假来锤炼鉴别能力。真假是对应的,先有真,后有假;而绝不是先有假,后有真;真假是不能颠倒的。在目前藏市真假并存,甚至假的远多于真的情况下,通过市场识真辨假,对于锤炼、培育收藏者,特别是提高收藏者的藏识,有一定的好处。但收藏者提高藏识的途

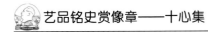

径是多方面的,如读书、交友、各种形式的鉴赏实物等,市场识真辨假只是其中的一种途径而已。而且,一个成熟、成功的收藏者,需要有良好的藏德、丰富的藏识和一定数量的藏品等。藏德比藏识、藏品更重要,他们不会为丰富藏识、增加藏品,去支持制假、售假,更不会买假。因此,切不可片面夸大藏市识真辨假对收藏者的好处,否则,既有误导收藏之嫌,又不利于打击收藏品制假售假行为。

　　总之,在"收藏品打假"问题上,不仅要看到目前收藏品市场的繁荣,也要看到可能埋下的隐患;不要只想满足如今人们收藏的欲望,而给子孙后代留下众多识真辨假的困惑。因此,排除收藏品打假的各种误区,提高人们对"收藏品打假"的认识,对"收藏品打假"更显重要。

2001年10月,首届全国徽章收藏研究座谈会在北京举行。此会回顾了近20年来,像章收藏研究的发展历程,分析了像章收藏研究的现状,展望了未来像章收藏研究发展的趋势,提出了2001—2008年深化像章收藏研究的设想。就此座谈会,笔者发表了《抓住历史机遇,深化徽章收藏——全国首届徽章收藏研究座谈会综述》一文。

抓住历史机遇　深化徽章收藏
——全国首届徽章收藏研究座谈会综述

2001年10月5日,中国收藏家协会徽章专业委员会,邀请部分省、市徽章(收藏)专业委员会负责人、收藏者、经营者代表及相关人士共36人,在京召开了全国首届徽章收藏研究座谈会(见图189)。此次

图 189

座谈会以"抓住历史机遇,深化徽章收藏"为主题,重点座谈了近20多年来,毛泽东像章(以下简像"像章")收藏研究的发展历程,分析了目前像章收藏研究的现状、展望了未来像章收藏研究的发展趋势,提出了深化像章收藏研究的初步设想。现将本次座谈会的有关情况综述如下。

一、排除认识误区,为毛泽东像章准确定位

自20世纪80年代初像章作为大众收藏品浮出水面,至今已有20多年了。回顾20多年来,像章收藏走过了异军突起与方兴未艾两大阶段,在收藏领域已占有一席之地,引起了中外有识之士的关注,其社会影响日益扩大。在像章收藏一派大好形势之下,也出现了一些认识误区。

有人说:"世界徽章艺术的精华在中国,中国徽章艺术的精华是毛泽东像章。"对此,许多与会代表谈了自己的看法。长春市政协副秘书长、中国收藏家协会徽章专业委员会副主任关晓峰同志说,近年来出访了20多个国家,出访工作之余,参观了不同国家的各类博物馆、收藏品市场,所到之处,观赏了许多记载不同国家历史、文化艺术的徽章精品,令人大开眼界。因此,关晓峰同志认为,"世界徽章艺术的精华在中国"的说法,说过了头,是井蛙之见,是片面的、不准确的。他认为:世界各国都有数量不等的徽章艺术精品。众所周知,世界上没有哪一种徽章能像毛泽东像章一样,作为历史遗物,从一个侧面记载了一个国家的一段历史、一个伟人的一生;作为徽章艺术品,承载着中华民族5000年的文化积淀。正如世人共识,越是民族的,越是世界的。从这个角度说,"毛泽东像章是世界徽章艺术精华的一部分,是中国徽章艺术的精华"的说法,较客观、易被理解和接受。

也有人提议:"把毛泽东像章从徽章中彻底分离出来,成为独立的收藏门类。"对此,众多与会者认为,这一说法,难以成立。广东省徽章专业委员会秘书长苏景芝先生认为:无论是从徽章概念,还是从徽章分类,毛泽东像章都属于徽章的范畴。世界徽章基本可分为三大类,即荣誉类、纪念类和证章类。毛泽东像章不仅包括了上述徽章的三大基本分类,有的还超出了三大分类。因此,毛泽东像章,是徽章中的一部分;同时,在徽章中,毛泽东像章数量之多,以亿计之;品种之丰,以万计之,记史性之强,无与伦比,又使毛泽东像章成为徽章中相对独立的一个收藏门类。

还有人说:"毛泽东像章是'文革'产物,是个人崇拜的产物,收藏像章是为'文革'歌功颂德,甚至有的报刊、出版社,不敢发表、出版有关像章文章和图书,有的电视台不敢播放有关像章节目等。"对此,从短期、某一角度,可以理解。但从长期、历史高度,此种看法和做法,既是片面的,又是偏激的。首先,回首像章发展历史,20世纪40年代初(据现有关资料所知),毛泽东像章在延安出现之日,正是毛泽东领袖地位、毛泽东思想作为全党的指导思想确立之时;随着中国革命的成功与社会主义建设的发展,毛泽东、毛泽东思想在全党、全国人民心中的地位日益提高,像章制作发行也越来越多,直至"文革"像章制作发行达到了最高峰;随着毛泽东的逝世、"文革"的结束,毛泽东时代的像章制作发行也基本结束了。由此不难看出,早在"文革"前的20多年中,毛泽东像章就在中国出现了,并有了迅速的发展。其次,综观像章的整体内容,它是以毛泽东肖像为标志,从一个侧面记录了我党、我军、我国人民一段革命建设史,以及毛泽东同志一生的革命奋斗史。无论是建国前的早期像章或建国后的中期像章,还是"文革"像章,都记载着一个个真实、凝固的史实。以"文革"像章为例,许多像章是反映建国前后,我国革命建设史实的像章;即使是反映"文革"动乱史的像章,也全面、真实的记载了那段不堪回首的历史,既有为林彪、江青两个反革命集团"歌功颂德"的像章,也有记录林彪、江青两个反革命集团罪行的像章;既有反映人民群众参加文化大革命的像章,也有记载英雄辈出、社会主义建设取得巨大成就的像章。毛泽东像章,作为一种历史遗物和文化艺术品,无论从其发展史,还是从其整体内容看,不是"文革"产物,也不能片面的认为是个人崇拜的产物,收藏像章也不是为"文革"歌功颂德。相反,像章的出现是历史发展的必然产物,是与毛泽东领导的中国人民革命建设的胜利与发展,紧密相连的、同步发展的;是人民发自内心对领袖的热爱、对毛泽东思想的信仰,从一个侧面真实、客观记载了我党、我军、我国人民一段革命建设的历史遗物,是记载毛泽东同志一生功过的证物,是一大批宝贵的文化艺术遗产。因此,我们今天收藏像章,除了对领袖的怀念与崇敬之外,最主要的是要坚持全面认识历史、尊重历史的唯物史观,收藏一段真实、完整的历史、文化艺术藏品,保留一段完整、真实的历史、文化艺术证物;今天我们研究像章,是为了研究中国一段难忘的历史,吸取历史的经验与教训,研究像章文化的价值与规律,发展我国的徽章文化艺术,为我们、更为子孙后代留下一笔宝贵的物质财富与精神财富!那种以回避历史、割断历史的态度,对待毛泽东像章收藏研究的看法与做法,都是片面的、偏激的。

二、从发展角度认识像章收藏的"冷与热",迎接以专(主)题为主多元化像章收藏高潮的到来

近年来,收藏市场上像章数量、特别是热门像章数量有所减少,其市场价格,特别是绝大多数套章价格普遍下降,有些普通套章的价格下降幅度较大……于是乎,像章收藏进入"枯水期",像章收藏"冷"下来了等说法出现了,并引起了不同认识的争论。这种争论是好现象,是像章收藏走向成熟的标志之一。但是,如何正确认识目前像章收藏的"冷与热",是值得认真思考的一个重要问题。对此,与会者认为,像章收藏发展史,就是一部"冷与热"不断变化的发展史。目前像章收藏存在"冷与热"是正常的。

回想20世纪80年代初,正值像章收藏兴起之时,大量像章拥向市场,收藏队伍迅猛扩大;到毛泽东百年诞辰的1993年前后,像章展览遍布全国城乡各地,介绍像章、像章收藏"四大家、八大家、十大家"的文章、报道,纷纷见诸报端,像章作为一个新兴的收藏门类,在中国大地异军突起,引起世人关注,并迅速在收藏领域占有了一席之地。与此同时,比像章收藏多少之风也"热"起来了。恰在此时,一批像章图书应运而生,特别是介绍像章收藏图书的出现,为像章收藏开辟了一个新天地。从此,比像章收藏多少之风渐"冷"了下来,像章套章收藏渐渐"热"了起来,像章收藏进入了方兴未艾的等二阶段。在此后的五六年间,像章套章收藏"热"带动了像章收藏的迅速发展,特别是1998年全国首届"十佳套章"的评选,将像章套章收藏推向了高潮。但此后,随着收藏的深入,人们对像章认识的提高,特别是对套章认识的提高,如套章虽多,但其主题雷同、内涵重复的较多,套章虽好,却不是套套都好,套章与专(主)题像章相比,套章只是专(主)题像章收藏的一部分等等,加之新挖掘的套章数量的减少与套章赝品、仿品的大量出现,使套章收藏者的兴趣与信心,受到一定影响,像章套章收藏"热"开始降温,许多人的收藏方向,开始由套章转移到以专(主)题像章收藏为主的多元化收藏上来。正是适应了这种转移,1999年和2000年的第二、第三届全国像章展评的重点已发生了转移,特别是第三届像章展评,明确提出了以专(主)题像章展评与理论研讨为主的新思路。在套章收藏渐"冷"下来的同时,以专(主)题为主的多元化收藏却"热"了起来。如河南郑州王友方先生,近年由套章收藏转入专(主)题像章收藏,已取得明显成效。目前,在基本完成"火车"专题像章收藏的基础上,已转入"全国山河一片红"专题像章收藏,仅此次在北京交流会上,他就收到"一片红"像章100多种,使其此专题收藏已达300多种,初具规模。另外,北京姜兴周先生的"四伟大综合类"收藏,江苏无锡徐雨峰先生的"江苏省像章"收藏,福建三明陈志忠先生的"三明像章"收藏等等,实现了像章收藏的重大转移。这种转移,使单一的"套章收藏热"必然要"冷"下来,而以专(主)题像章收藏为主的多元化收藏必然要"热"起来,这就是当前像章收藏现状的"冷与热"。这种"冷与热"是像章收藏发展中的正常现象,这种转移是像章收藏发展的必然趋势,它说明像章收藏正

在走向成熟,像章收藏正在走向以专(主)题为主的多元化发展的新
阶段。让我们正确认识当前像章收藏的"冷与热",迎接专(主)题为
主的多元化像章收藏的到来!

三、明确徽(像)章收藏研究方向,提高徽(像)章收藏研究层次

在认真分析目前徽(像)章收藏研究现状的基础上,许多与会代
表对今后徽(像)章收藏研究方向与提高收藏研究层次等问题,发表
了许多很好的建议和看法。

中国人民解放军驻北京铁路局军事代表处主任、中国收藏家协
会徽章专业委员会副主任徐晓荣同志认为:(1)像章作为历史产物,
其收藏要纳入历史轨道、纳入收藏轨道、纳入徽章收藏轨道;为此,
必须使徽(像)章宣传、收藏组织建设,各种收藏研究活动,纳入正常
的轨道。(2)徽(像)章收藏研究必须明确方向,突出重点,才会有收
藏动力。为此,徽(像)章收藏要做到:挖掘新藏品,不断深化;编排老
藏品,不断创新,做到收藏专题化、系列化、地域化、多样化、个性化。
徽(像)章研究要做到:勤于调查,重在抢救调查,注重论证;善于研
究,勤于研究,重点研究徽(像)章文化。收藏研究活动重点应做到
"展评、收藏研究、交流、拍卖"四位一体。(3)提高徽(像)章收藏研究
层次,才能保证徽(像)章收藏研究不断健康发展。首先,要提高收藏
队伍的层次。收藏者要讲藏德,藏友间要相互尊重,不要相互拆台、
不要相互对立、不要搞黄、赌、毒,树立、维护藏界正气;经营者要讲
职业道德,不参与制假、售假活动,不搞垄断销售,不搞恶意炒作,要
光明正大经营,明明白白赚钱;收藏者与经营者要相互信任、相互合
作、相互团结,共同推动徽(像)章收藏研究事业的健康发展。其次,
要提高徽(像)章收藏的层次。善于用眼发现藏品,用心体会藏品,用
脑思考藏品,利用各种形式积极宣传藏品,高创意、科学组织专题收
藏品。再次,要提高徽(像)章研究层次。徽(像)章研究是收藏的高难
阶段,它体现收藏研究综合成果的大小与水平高低。因此,掌握研究
方向,明确研究重点与难点,突出研究特色,是提高研究层次的关

键。为此,要支持、鼓励撰写徽(像)章研究文章,支持、鼓励兴办各类徽(像)章刊物,支持、鼓励出版各类徽(像)章书籍。

苏景芝先生认为;搞好徽(像)章收藏研究要做到"四学",即学历史、学美学、学工艺学和学材料学。

中国科学院近代物理研究所高级工程师、甘肃省收藏协会徽章专业委员会副主任孟建民同志认为:玩像章,玩的是收藏者对像章的理解。因此,收藏者要做到"三讲",即讲藏德、讲藏识、讲藏风;还要多与历史学家、政治家、艺术家接触、交流,吸收各方不同的观点和见解,以提高自己的徽(像)章收藏研究水平。

山东省收藏家协会徽章专业委员会主任王峰同志,哈尔滨电信局办公室主任、黑龙江省收藏家协会文史资料专业委员会主任王玉利同志等认为:要充分发挥中国收藏协会徽章专业委员会的作用,设立常务理事会,明确职责范围,制定近期与长远收藏研究规划等。

上海《徽章供求信息》民刊主编成为达先生建议:中国收藏家协会徽章专业委员会应征集像章收藏研究相关条目,组织编撰《毛泽像章分类大辞典》,用以规范、指导像章收藏研究。

四、认清内外大环境,抓住历史好机遇,促进徽(像)章收藏研究持续、健康地发展。

盛世兴收藏,其意是说,收藏事业的兴旺发达,与国内外良好的大环境密不可分。如何从宏观角度,认清内外大环境,抓住2003年毛泽东诞辰110周年,2008年北京举办奥运会的历史机遇,把徽(像)章收藏研究推向新阶段,成为与会者议论的又一重要话题。

关晓峰同志认为:随着改革开放的深入发展,近年来,文化搭台,经济、科技唱戏的现象,屡见不鲜。与此同时,东西方文化交流,不同文化的对话,已成为新的热点,这种世界文化的交融,为中国徽(像)章走向世界创造了良好的国际大环境,徽(像)章走向世界的基本条件趋于成熟。

无锡市建筑工程管理局宣传处处长、高级工程师、无锡市收藏家协会徽章专业委员会主任徐雨峰同志认为:2001年4月9日,经国家有关部门发布的新的文物藏品定级标准,首次将证章、奖章、纪念章和塑像等,列为"一级文物定级标准举例"范围,这是徽章收藏界的一件大事。另外,前不久国务院常委会通过了《文物法》修改方案,并报全国人民代表大会审议。上述事例,对我国收藏事业的发展、徽章收藏事业的发展,无疑提供了良好的外部环境。

在国内外一派大好环境下,与会者备受鼓舞,纷纷就未来5到10年,徽章收藏事业的发展前景与规划,提出了建议和初步设想。

广东省收藏家协会徽章专业委员会主任周祖赞先生书面发言认为:综合国内外的大环境,考虑2003年、2008年两大历史机遇的特点,以及徽(像)章收藏研究现状和未来的发展等多种因素,北京成为举办2003年和2008年全国展评活动的最佳地点,希望全国徽(像)章收藏组织、收藏者、经营者以各种方式全力支持办好这两届重点盛会。

年过七旬的原重庆市人事局退休干部、中华毛泽东像章收藏研究会重庆分会名誉会长崔兴华同志建议:为把2008年北京举办的奥运会办成最好的一届盛会,徽章收藏界应抓住这一历史良机,共赴北京,面向世界,举办中国毛泽东像章大联展,为北京奥运增光添彩!

上海万像馆馆主朱启涌先生认为:今后全国徽(像)章展评活动,要进行适当改革,应以徽(像)章研究为主,未来上海承办的第四届全国徽(像)章展评活动,将在这方面作出新的尝试。

河南省收藏家协会徽章专业委员会主任王友方认为:今后全国展评活动,评比项目要少一点、精一点,徽(像)章研究要多一点、文化含量要多一点,特别是要把2003年全国徽(像)章展评活动办好,办成2008年全国大联展的预演,为2008年全国大联展积累经验。

关晓峰同志建议,今后全国展评活动不一定非要一年搞一次,但每年可在北京搞一二次交流活动,辅以其他活动即可。

原北京东方收藏家协会秘书长安久亮先生认为:收藏事业如何从初级收藏向成熟收藏发展,应注意两个转化:(1)从兴趣收藏向文化收藏转化;(2)从纪念品收藏向文物收藏转化。另外,建议今后徽(像)章展评,应办成收藏研究成果展评,而不能办成收藏品展评。

　　总之,此次座谈会时间虽短,但与会者认为,效果颇佳。既回顾了徽(像)章收藏历史,分析了徽(像)章收藏现状,展望了徽(像)章发展趋势,又统一了对毛泽东像章定位,明确了徽(像)收藏研究的方向与重点,提出了未来5到10年重大活动的初步设想。与会者一致认为,此次座谈会开得及时,对今后徽(像)章收藏研究事业的发展,必将产生积极的影响,希望今后适时召开类似的座谈会。

"纪念毛泽东同志诞辰110周年暨全国徽章收藏界庆祝活动"，经两年的艰苦筹备，于2003年12月在北京举行。此次活动以回顾总结20年像章收藏史，展望未来像章收藏发展趋势为主题，举办了以专题像章展览与研讨为中心的各种庆祝活动。为此，笔者设计了一套纪念封，并发表了《毛泽东像章收藏二十年回顾与展望》纪念封欣赏一文。回首此次活动，感到主流是好的，成绩是主要的，当然也有不足、教训。但此次活动作为像章收藏史中重要的一页，如实记录下来，给我们和后人留下思考的线索与空间，无疑是有益的。本此心愿，在2003年最后一天，完成了《像章收藏史中艰忘的一页》一文。

《毛泽东像章收藏二十年回顾与展望》纪念封欣赏

2003年12月26日，是毛泽东同志诞辰110周年纪念日。为此，来自全国24个省、市、自治区及香港特别行政区的近200名像章收藏爱好者，于2003年12月24日至28日，齐聚北京报国寺，举办了以像章专题收藏展览、研讨为中心的大型庆祝活动。本次活动组委会制作了一套10枚精美的纪念封，纵观此套纪念封，具有以下鲜明特点与多元价值。

■票、戳结合再现伟人一生

此套10枚封，每封均贴有2003年12月6日发行的纪念毛泽东同志诞辰110周年的80分邮票，以突出此套封的大背景与主题。与此同时，每封都有一个用不同的毛泽东像章为主图的纪念戳，并配有与像章主图纪念戳寓意相近或相似的邮票，以再现毛泽东同志一生的光辉革命业绩。

第一枚封（见图190），铭有日出韶山毛泽东少年时期肖像及韶山图的纪念戳，相应配有1977年发行的纪念伟大的领袖和导师毛泽东主席逝世1周年的8分邮票，邮票图为万丈光芒，红日上方，是毛泽

图 190

东的标准肖像。票、戳的寓意是毛泽东从韶山走出来,从一个普通的青年学生,经数十年革命生涯的磨炼,成为中国人民的伟大领袖。

第二枚封(见图191),铭有中共"一大"上海会址及党旗上有毛泽东青年时期肖像的纪念戳,相应配有1983年发行的纪念毛泽东同志诞生90周年的8分邮票,邮票上的毛泽东青年时期肖像与纪念戳上的毛泽东青年时期肖像相似。票、戳寓意毛泽东是中国共产党的

图 191

217

主要缔造者和领导者。

第三枚封（见图192），铭有毛泽东领导秋收起义时挥手、半身肖像的纪念戳，相应配有1993年发行的纪念毛泽东同志诞辰100周年的

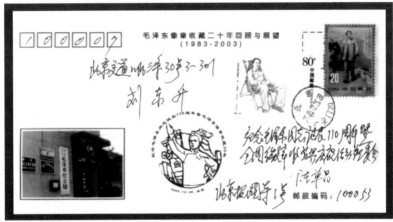

图 192

20分邮票，邮票图案是毛泽东前进在长征途中。票、戳寓意毛泽东是中国人民解放军的主要缔造者和领导者。

第四枚封（见图193），铭有遵义会议会址、中国工农红军军旗上

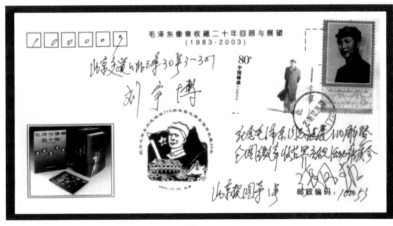

图 193

有斯诺为毛泽东拍摄的红军时期肖像的纪念戳，相应配以1977年发行的纪念伟大的领袖和导师毛泽东主席逝世1周年的8分邮票，戳、票上的毛泽东肖像相同。其寓意是在中国革命生死存亡的关键时刻，党中央于1935年1月在贵州遵义召开政治局扩大会议，批判错误的军事路线和组织路线，确立了以毛泽东为首的中央新的领导，挽救了红军，挽救了中国革命。

第五枚封（见图194），铭有延安窑洞及1945年毛泽东在延安时期的肖像组成的纪念戳，相应配以1983年发行的纪念毛泽东同志诞辰90周年的8分邮票，邮票图案与纪念戳图案相似，肖像相同。票、戳的

图 194

寓意是毛泽东于1942年在延安领导了全党的整风运动，通过这次思想教育运动，全党树立了必须将马克思主义与中国革命实践相结合的观念，为夺取抗日战争和全国革命的胜利、为1945年在党的"七大"上毛泽东当选党中央主席、确立毛泽东思想为全党的指导思想奠定了思想基础。

第六枚封（见图195），铭有毛泽东指挥渡江战役示意图的纪念戳，相应配以1977年发行的纪念伟大的领袖和导师毛泽东主席逝世1周年的8分邮票，其邮票图是毛泽东在党的七届二中全会上讲话的

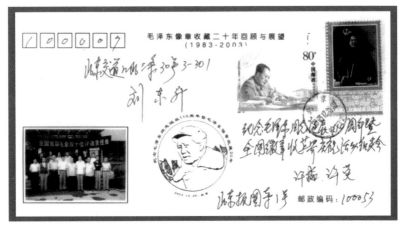

图 195

肖像。票、戳的寓意是抗日战争胜利后,国内全面内战爆发,毛泽东和党中央领导中国人民解放军从战略防御逐步转入战略进攻。1948年后,毛泽东亲自指挥辽沈、淮海、平津三大战役及渡江战役的作战,推翻了国民党统治,取得新民主主义革命战争的胜利。

第七枚封(见图196),铭有毛泽东在天安门宣告中华人民共和国成立的纪念戳,相应配以1977年发行的纪念伟大的领袖和导师毛

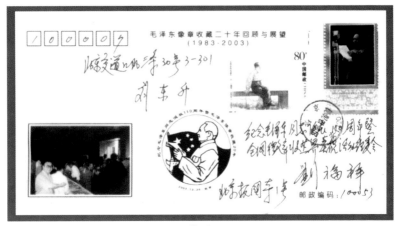

图 196

泽东主席逝世1周年的8分邮票,其邮票图案是毛泽东1949年10月1日在天安门城楼宣布中华人民共和国成立时的肖像。票、戳的寓意是向世界宣告,毛泽东是中华人民共和国的主要缔造者和领导者,是中国人民拥护和爱戴的伟大领袖;中华人民共和国的成立,结束了帝国主义、封建主义和官僚资本主义在中国的统治。

第八枚封(见图197),铭有三面红旗、庐山示意图及毛泽东在20世纪60年代肖像的纪念戳,相应配以1983年发行的纪念毛泽东同志诞辰90周年的20分邮票,其邮票图是毛泽东在杭州阅览群书时的肖

图 197

像。票、戳寓意是毛泽东同志是毛泽东思想的主要创立者;1956年,全面开展社会主义经济建设的条件已成熟,毛泽东结合中国国情,在《论十大关系》等一系列著作中,明确提出了建设社会主义经济,要根据本国国情走自己的道路的根本指导思想;在党的"八大"上,明确指出,全党主要任务已转变为集中力量发展社会生产力。

第九枚封(见图198),铭有毛泽东端坐在毛主席纪念堂内汉白玉石椅上的塑像纪念戳,相应配以1977年发行的纪念伟大领袖和导师毛泽东主席逝世1周年的8分邮票,其邮票是毛泽东在天安门检阅革命群众的肖像。票、戳寓意是毛泽东虽然于1976年9月9日与世长

图 198

辞,他把毕生的精力献给了中国人民的解放事业和社会主义建设事业,他是伟大的马克思主义者,伟大的无产阶级革命家、战略家和理论家,他赢得了中国人民和世界人民的敬仰与爱戴。

第十枚(见图199),铭有象征毛泽东革命一生经历的主要革命纪念地及一面纪念毛泽东同志诞辰110周年红旗的纪念戳,相应配以2003年发行的纪念毛泽东同志诞辰110周年的80分纪念邮票,其邮

图 199

票图案是毛泽东伏案挥毫。票、戳寓意是在纪念毛泽东同志诞辰110周年之际,中国人民将继续坚持毛泽东思想、坚持改革开放、坚持"三个代表",团结在以胡锦涛同志为总书记的党中央周围,努力开创有中国特色社会主义建设事业的新局面。

综观此套封,所贴邮票虽均已超资,可谓美中不足,但将10枚封上的票、戳从前至后连起来,便组成了一幅记录毛泽东一生革命业绩的画卷,充分表达了人民群众在纪念毛泽东同志诞辰110周年时的怀念、敬仰之情。

■图文结合记录像章收藏史

此十枚封,每一枚封正面的图与背面的文字,都记录了像章收藏史中的一段纪事。

第一枚封(见图190),封的正面印有辽宁省徽章专业委员会成立庆典照片图;封的背面记录了改革开放20年来,毛泽东像章收藏民间组织从无到有的过程。时至今日,经国家民政部门批准成立省级像章收藏组织的省市有河南、黑龙江、广东、北京、陕西、甘肃、山东、辽宁、湖北等,这些省市的像章收藏组织紧密团结广大藏友,为推动全国像章收藏研究事业不断健康发展作出了巨大贡献。

第二枚封(见图191),封的正面印有几种较有代表性的民间徽章报照片;封的背面详细记录了自20世纪90年代初出现第一张民间徽章报至今,先后有11个省、市创办各种徽章报,目前已达14种之多。20多年来,民间徽章报作为对外宣传、交流的窗口,有力地推动了像章收藏事业的发展。

第三枚封(见图192),封的正面印有被当地有关部门命名为"爱国主义教育基地、青少年传统教育基地、中小学德育基地"的河北薛金玉收藏家个人创办的毛泽东纪念馆正门照片;封的背面记录了改革开放20多年来,毛泽东像章展览层出不穷,家庭展馆遍布城乡的情景。据不完全统计,1989年至2003年,全国各地举办各式各样像章展近千次,参观人数近亿人次。展览充分展示了像章的历史史料价值、文化艺术价值,充分发挥了像章作为历史证物的社会教育功能。

第四枚封(见图193),封的正面印有近10年来,全国已出版发行的部分像章专业图书代表作照片;封的背面详尽记录了近10年来出版的20多部像章专著的名录。这些像章专著的出版,有力地推动了像章收藏研究事业的发展。

第五枚封(见图194),封的正面印有北京报国寺东方国际拍卖有限责任公司举办"毛泽东像章及毛泽东文化收藏品拍卖会"的全景照片;封的背面详细记录了改革开放以来毛泽东像章作为大众收藏品,走进了全国各地大小收藏品市场,交流交易活跃,其身价扶摇直上,特别是近年来,毛泽东像章挤进了由名画、古瓷等高价位藏品占统治地位的拍卖场,并成为许多有识之士及藏家选购精品、珍品、罕品像章的渠道之一的史实。

第六枚封(见图195),封的正面印有全国首届毛泽东像章双十佳(十佳套章、十佳独立章)评选照片;封的背面详细记录了此次评选活动的情况及评选结果。此次活动,开全国像章展评活动的先河,对像章收藏、特别是像章套章的收藏起到了一定的推动作用。

第七枚封(见图196),封的正面印有第二届全国像章展评会盛况的照片;封的背面详细记录此次评选的情况及结果。

第八枚封(见图197),封的正面印有第三届全国像章展评活动评委会成员的照片;封的背面除记录了此次活动的情况外。重点记录了此次活动将过去单一的像章展评提升到将像章展览、研讨、展评、拍卖、交流交换等5项活动合为一体的高度,是一次立体展示像章收藏研究成果的盛会,并开创了5个第一,即第一次提出像章专题展览,第一次举办全国像章理论研讨会,第一次编印了《毛泽东像章收藏学术研讨论文集》,第一次举办全国"毛文化"收藏品拍卖会,第一次邀请国家文博专家、学者参与民间收藏研究活动,此次展评活动对推动像章收藏事业全面发展起了一定的促进作用。

第九枚封(见图198),封的正面印有"首届全国徽章收藏研究座谈会"与会代表全体合影照片,封的背面详细记录了2001年至2002年两次在北京举办"首届与第二届全国徽章收藏研究座谈会"的情况,这两次座谈会总结近20多年来,像章收藏研究的发展历程,分析了像章收藏研究的现状,并展望像章未来收藏研究发展趋势,明确了未来10年(2001年至2010年)像章收藏研究规划,并在总结前三届全国展评活动经验与教训的基础上,研究了《举办全国性徽章活动暂行准则(讨论稿)》,为2003年及今后举办全国像章展评活动,做了必要的思想和组织准备。

第十枚封(见图199),封的正面印有"纪念毛泽东同志诞辰110周年暨全国徽章收藏界庆祝活动"现场照片;封的背面详细记录了由全国徽章活动指导协调小组联合三家企事业单位,战胜突如其来的"非典"疫情等天灾干扰,克服重重困难,于2003年12月24日至28日,按时举办了"纪念毛泽东同志诞辰110周年暨全国徽章界庆祝活动"的情况。本次活动回顾了毛泽东像章收藏活动开展20年来的历史,以像章收藏研究史与展望未来像章收藏研究发展趋势为指导思想,以专题展览与研讨为中心,编印了《毛泽东像章收藏二十年人物集》,制作了各省徽(像)章收藏组织简介纪念券、全国像章收藏20年回顾与展望系列纪念封;同时开展像章收藏研究征文、徽章交流交换、"毛文化"收藏品拍卖等活动。这是一次以"回顾与展望"为主题,以专题像章收藏为中心,全方位、立体的庆祝活动。

将10枚封上的正、背图文连起来,就是一部浓缩的20年像章收藏史,它是全国像章收藏爱好者,对像章收藏史的集体记载,它不仅对当代人、特别是对后人了解、研究像章收藏史提供了一套真实的实物与文字资料。

■历史与现实结合凸显多元价值

此套纪念封作为一个整体,除具有以上分述特点外,还具有以下综合特点与综合价值。

历史与现实巧妙结合。在此套封上,票与戳结合,从历史角度记

225

录了毛泽东一生的革命业绩;图与文结合,从现实角度记录了毛泽东像章收藏近20年的历史。将历史与现实巧妙结合在一套纪念封上,这是此套封的综合特点之一。

纪念戳将毛泽东一生与像章收藏20年历史巧妙结合。此套纪念封上的10枚纪念戳设计独出心裁,别具一格。主图是用10枚不同的像章做成的,其主图上下方的文字既将纪念毛泽东与像章收藏结合在一起,又将历史与现实结合在一起。与此同时,当票与戳结合时,又将毛泽东一生革命业绩与像章收藏20年的历史结合在一起了。当整套上的票、戳、图、文综合在一起时,你会发现通过这一枚枚纪念封,已将看似无关的"毛泽东同志一生的革命史与像章收藏史"紧密地联系在一起了,这也是此套封另一综合特点之一。

由上述两个"巧妙结合",不难看出,此套封上记载了大量的史料信息与文化信息。其中,记载了毛泽东自1893年在韶山出生,直到1976年在北京逝世,一生的革命业绩;记载了我国自1921年成立中国共产党以来的建党、建军、建国等方面重大史实;同时,用毛泽东逝世后我国发行的4套纪念邮票,既艺术地再现了毛泽东光辉一生,又表达了中国人民对毛泽东的怀念与敬仰之情;用毛泽东像章收藏20年的方方面面事实,再现了毛泽东像章作为一种特殊的文化历史遗物的史料价值、艺术价值等。

综上所述,此套纪念封除制作精美、规范外,其巧妙的构思、独特的设计、丰富多彩的内容、寓意深远的内涵,使此套纪念封极具收藏价值。随着时间的推移,此套纪念封的珍贵历史史料价值、文化艺术价值等多元综合价值必将凸现出来。更可喜的是,在近年集邮事业直线下滑的今天,能出现一套如此令人眼睛一亮的纪念封,更是难能可贵!从纯集邮的角度看,由本次活动组委会的成员,在毛泽东诞辰110周年纪念日——12月26日,在本次活动举办地所在的广安门邮局实寄的一套纪念封,具有了原地、极限实寄封的某些要素,可见此套纪念封的价值与意义更非一般。

像章收藏史中难忘的一页

——纪念毛泽东同志诞辰110周年暨全国徽章收藏界庆祝活动纪实

在毛泽东同志诞辰110周年的时候,举行隆重的纪念活动,是全党、全国各族人民政治生活中的一件大事,对毛泽东像章(以下简称"像章")收藏者而言,更是难得的大好历史机遇。为此,早在2001年,全国徽章收藏界即开始规划此次活动,在全国藏友的支持和共同努力下,经两年多的精心筹备,克服了各种各样的困难,此次活动终于2003年12月24日在北京按时举办(见图200),并达到了预期目的。

图 200

在本次活动胜利结束之时,作为像章收藏史的一页,已经翻过去了! 但回首两年多的筹备工作及各项活动情况,认真总结其经验与教训,真实记录在史,以利未来像章收藏事业的不断发展,无疑是现今需要做的一件事情。基于此,笔者作为此次活动的策划者及组织、指导、协调、实施者之一,对本次活动的背景、筹备及具体活动情况,作如下简要记录。

一、战胜天灾,排除干扰的策划、组织工作

2000年10月,由中国收藏家协会徽章专业委员会(以下简称"中徽委")主办的"第三届全国毛泽东像章展评活动"取得成功,并在全国徽章界产生巨大影响。许多藏友希望"中徽委"继续努力,在推动未来像章收藏研究事业发展上发挥更大的作用。

基于全国藏友的厚望与信任,"中徽委"于2001年10月5日,在北京召开了有全国16个省、市、自治区徽(像)章组织负责人及部分像章收藏者共36人参加的、以"抓住历史机遇,深化徽章收藏"为主题的首届全国徽章收藏研讨座谈会。会上,与会者在总结改革开放以来像章收藏发展经验与教训的基础上,初步设想了21世纪前10年(2001—2010年)全国像章收藏界重大活动规划,即在10年中的2003年毛泽东同志诞辰110周年及2008年北京举办奥运会之时,举行两次大型全国像章展评活动,其间在北京之外某省、市举办若干次中型像章展评活动,为2003、2008年两次全国大型活动积累经验。

但2001—2002年拟在上海举办的全国像章展评活动,因种种原因而未果。加之原"中徽委"个别会员,借2002年中国收藏家协会(以下简称"中藏协")换届之机,采取了众多藏友所共知的一系列不当行为,引起了广大藏友的不满,给原"中徽委"的威信及全国藏友的团结造成严重破坏,给原"中徽委"按原规划组织2003年纪念活动造成了极大的困难。为排除上述干扰与影响,团结全国绝大多数藏友,保证2003年纪念活动正常进行,原"中徽委"于2002年9月29日,在北京召开了由13个省、市徽(像)章组织的负责人等32位参加了第二届全国徽章收藏研究座谈会。会议重点总结了1998年开展全国像章展评活动以来的经验与教训,讨论了《举办全国性徽章活动暂行准则

（讨论稿）》，其中对未来全国性徽章活动，可由全国各省、市徽（像）章组织主要负责人组成的"全国徽章活动指导协调小组"主办这一重要举措达成共识，为2003年举办全国毛泽东像章展评活动，做了必要的思想和组织准备。

2003年2月24日，"中藏协"换届结束后，宣布了在会员重新登记、各专业委员会未批准前，原各专业委员会不准组织各种活动的决定。"中藏协"的不当决定，遭到广大徽章藏友的反对，大家认为要抓住纪念毛泽东同志诞辰110周年这一难得的历史机遇，以"全国徽章活动指导协调小组"名义，组织全国徽章收藏藏友，搞好庆祝活动。2003年3月20日，根据全国徽章收藏藏友的要求，全国徽章活动协调小组工作正式启动，并联合《中国收藏》杂志、《中国商报—收藏拍卖导报》、北京报国文化发展有限责任公司等四家，发出了主办纪念毛泽东同志诞辰110周年暨全国徽章收藏界庆祝活动方案征求意见稿后。此举得到全国绝大多数徽章收藏藏友的支持与响应，并提出一些好的建议。正当活动筹备工作顺利进行时，一场突如其来的天灾——"非典"降落人间，受其影响，筹备工作暂停了两个多月后。2003年4月18日，中共中央办公厅转发的《中央宣传部、中央文献研究室、中央党史研究室关于举办毛泽东同志诞辰110周年纪念活动的请示》的通知，我们对照上述的"庆祝活动"方案，感到完全符合中共中央的通知精神，这更增强了我们举办全国徽章界庆祝活动的决心与信心，于是，6月中旬重新起草活动方案，又经两个多月的艰难努力，9月4日《中国商报—收藏拍卖导报》正式公布了"纪念毛泽东同志诞辰110周年暨全国徽章收藏界庆祝活动方案"，此方案基本得到广大藏友的认可，但对评选"全国十大收藏家"一项，看法不一，分歧较大。

为进一步统一思想，明确本次活动的指导思想与具体内容，10月4日，全国徽章活动指导协调小组等四家主办单位，在北京召开由全国9省、市徽（像）章组织负责人等16位同志参加的"拍板会议"。此次会议最后决定，纪念毛泽东同志诞辰110周年暨全国徽章收藏界庆祝活动的指导思想是:"回顾与展望";具体内容是:编辑、制作"人物集"、纪念卷、封、戳等不同纪念收藏品,记载20年来的像章收藏史;举办以像章专题展览与研讨为中心的"毛文化"收藏品征文、拍卖、交流交换等活动,展望未来像章收藏发展的趋势。从此,本次活动的筹备工作在全国全面展开。

二、各项庆祝活动按期举行,并达到预期目的

纪念毛泽东同志诞辰110周年暨全国徽章收藏界庆祝活动,在北京、各省、市徽章收藏组织及全国藏友的共同努力下,克服各种困难,经过两多月艰苦、扎实的具体筹备,终于2003年12月24日在北京报国寺按时举行,28日胜利结束!

实践证明本次活动确定的"回顾与展望"的指导思想,是完全正确的,并得到了全面落实,达到了预定的目的。其具体表现在以下几个方面。

(一)总结了20年来像章收藏的经验教训,真实记录了20年的像章收藏史。

本次活动编辑了《毛泽东像章收藏二十年人物集》(见图201、202),印制了《各省徽(像)章收藏组织简介》系列纪念券及《像章收藏二十年回顾与展望系列纪念封》等。上述书、券、封、戳等,全面、立体回顾、总结、记载了像章收藏二十年的历史。它们既是

图 201

图 202

从不同角度、不同侧面记载像章收藏史的艺术品,又是见证像章收藏发展史的真实证物,随着历史的发展,它们的历史价值与文化艺术价值,将越加突现出来。

(二)以专题为主的多元化像章收藏展览,既展示了像章收藏的成果,又预示了以专题为主的多元化像章收藏的新高潮已经到来,它将成为像章专题收藏的里程碑(见图203)。

来自全国18个省、市、自治区及香港特别行政区的59位藏友的68个不同形式的像章展品,参加了本次展览。本次展览与历次展览相比,不仅参展地域辽阔,人数众多,而且形式多种多样,内容丰富多彩,既有专(主)题像章展品,又有不同时期和不同地域、系统、单位的像章展品;既有不同材质、工艺像章展品,又有不同形状、图案像章展品;既有像章套章、系列章像章展品,又有毛泽东文化收藏品展览等。本次展览"飞速发展的中国铁路"、"'文革'德化瓷像章分类与

图 203

辨伪"等10部展品获特等奖,"'文革'像章部队英模专题"、"'文革'香港像章分类收藏展"等部展品获优秀奖。此次展览既从一个侧面集中展示了全国像章收藏的现状,又有代表性地反映了像章收藏研究水平。与此同时,本次展览也预示着一个以专题为主的多元化像章收藏的新高潮已经到来!

(三)以专题为主的多元化像章收藏研讨会,是一次交流、总结的盛会,是一次推动专题像章收藏向更广、更深、更高方向发展的动员会(见图204)。

自2003年9月4日此次活动正式启动后,在短短的两个多月中,收到了全国18个省、市、自治区和香港特别行政区的48位藏友的66篇论文,并有49篇论文收录于《毛泽东像章收藏专题研讨论文集》(见图

图 204

205)。经组委会评选,《像章收藏大方向——专题收藏》、《从综合型"四个伟大"像章专题收藏领悟像章专题收藏的一般要则》等10篇论文获特等奖,《浅析早中期像章的铭文》、《"文革"时期像

章的多元化现象》等篇论文获优秀获。尽管专题像章收藏时间不长，其理论还不十分成熟，参加本次研讨的论文尚显稚嫩，但此次专题像章收藏研讨会，为今后深入开展专题像章收藏的实践与理论研究开了一个好头，可以预见，未来专题像章收藏研究，必将上一个新台阶，结出丰硕的成果。

（四）开创了一种新的全国徽章展评活动模式，为今后搞好全国徽章展评活动积累了一定的经验。

本次活动与以往三届全

图 205

国像章展评活动相比，除了在活动内容上有很大的不同外，最主要是在组织模式与资金投入上有了本质上的改变。

首先，本次活动的主办单位不是由某一省、市的徽（像）章组织，而是由全国徽章活动指导协调小组与三家企事业单位（《中国收藏》杂志、《中国商报—收藏拍卖导报》、北京报国文化发展有限责任公司）联合主办，其好处在于最大限度地发挥各方长处，取长补短，获取多赢。

其次，本次活动的资金投入，改变了以往由主办省、市徽（像）章组织一家承担的做法，而本着民间活动民间办的原则，采取自助资金与自筹资金相结合的办法，做到了取之于民、用之于民。

除上述之外，本次活动在征文，毛泽东文化收藏品拍卖、交流交换等方面做了大量工作，并取得一定成效。

总之，经两年多艰苦筹备，在全国藏友积极支持与共同努力下，本次活动胜利结束了。回首此次活动，成绩是主要的，主流是好的。但是，必须看到，联合举办是一种新形式，在无任何约束的情况下如何发挥各方优势，统一思想、统一指挥、统一行动等方面缺乏经验，特别在时间紧、人员少，活动地点分散的情况下，组织工作不细，在代表迎送接待、收费管理、证书发放等方面，存在许多不足。本人作为本次活动的策划者及组织、指导、协调、实施者之一，工作中存在许多失误。特别是在评选时，未能坚持按预定程序严格执行，因而评选结果不尽如人意，是预料之中和不可避免的。上述教训，应认真总结、吸取！

　　最后，希望在像章收藏走过20年的时候，每位藏友、每一徽（像）章收藏组织，沉下心来，认真思考，总结经验教训，为完善、规范收藏组织，为提高收藏队伍的人员素质，为提高像章收藏研究水平，为21世纪像章收藏事业的新辉煌而共同努力！